PARIS SYNOPTIQUE

NOUVEAU GUIDE PARISIEN ILLUSTRÉ.

OUVRAGES DU MÊME AUTEUR :

L'Arithmétique enseignée, ou leçons d'arithmétique
théorique et pratique. 1 vol. in-12.   1   50

L'Album des jeux *de hasard et de combinaisons* en us-
age dans les salons et dans les cercles, avec un abrégé
et des applications de la théorie des probabilités. Un
vol. in-18.   3   50

On vend séparément les traités du *lansquenet*, du
whist, du *boston*, de *l'écarté*, du *piquet*, de la *bouil-*
lotte, du *reversis*, du *cribbage*, nouveau jeu anglais,
des dames, des *échecs*, du *trictrac*, du *billard*, du do-
mino, etc.

Le prompt comparateur *des poids et mesures*, par
MM. Van-Tenac et Thicullen, tableau synoptique offi-
ciellement adopté pour la conversion des anciennes
mesures en mesures légales. Troisième édition.   1   50

Paris. — Typ. Lacrampe et Comp., rue Damiette, 2.

PARIS SYNOPTIQUE

NOUVEAU

GUIDE PARISIEN ILLUSTRÉ

présentant

SUR UN PLAN ENTIÈREMENT NEUF

LES INDICATIONS NÉCESSAIRES A UN ÉTRANGER
POUR S'ORIENTER ET SE DIRIGER FACILEMENT DANS PARIS;
POUR SE LOGER, SE NOURRIR, SE VÊTIR,
SE PROMENER, VISITER LES MONUMENTS ET LES CURIOSITÉS,
VAQUER A SES AFFAIRES OU A SES PLAISIRS,
SANS EXCÉDER LES LIMITES D'UN BUDGET RÉGLÉ D'AVANCE.

PAR M. VAN-TENAC.

PARIS,

RUE DU HASARD – RICHELIEU, 1.

ET CHEZ TOUS LES LIBRAIRES ET PAPETIERS.

1845.

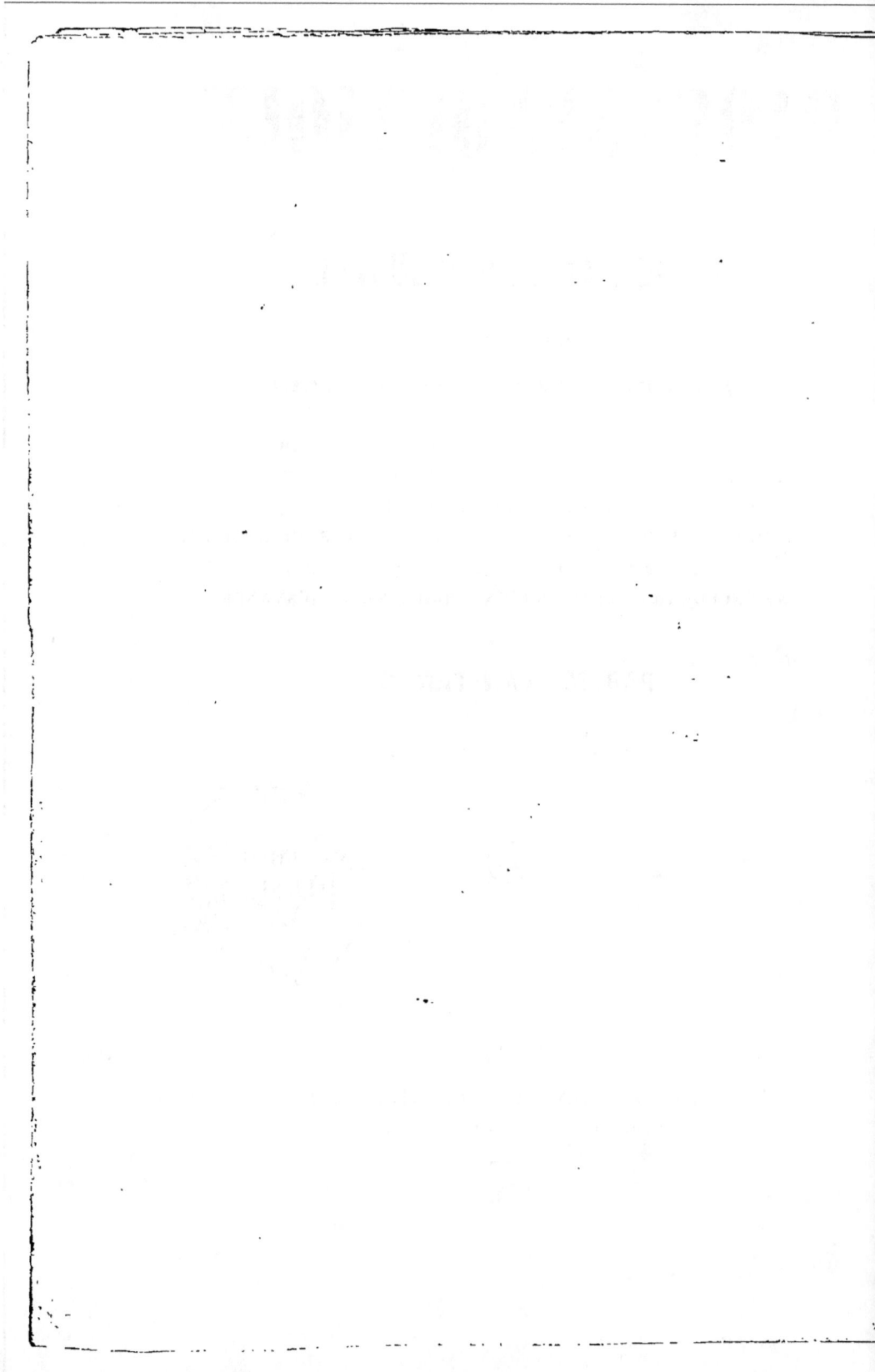

HISTORIQUE.

PARIS, cette capitale du monde civilisé, n'était qu'un bourg composé de pauvres huttes construites en terre et en bois, quand Labiénus, lieutenant de Jules César, s'en empara, 56 avant Jésus-Christ. On la nommait alors *Lutèce*, et elle se trouvait au large dans l'île qu'on appelle maintenant la Cité. Ses habitants, qui portaient le nom de *Parisii*, se livraient à la pêche et à un commerce par eau qui était assez florissant : ce qui semblerait le prouver, c'est que leur ville avait pour symbole un vaisseau.

On ignore la véritable étymologie du nom *Lutèce*. Quelques érudits le font dériver des mots celtiques *Lut*, corbeau, et *Etia*, île, c'est-à-dire Ile aux corbeaux, parce qu'avant d'être habitée, Lutèce en était couverte. D'autres ont avancé que de *Luth*, rivière, *touez*, au milieu, *y*, une habitation, on a fait *Luthouezy*, puis *Lutèce*, c'est-à-dire habitation au milieu des eaux. D'autres enfin font venir *Lutèce* de *Lutum*, boue, parce que cette ville était environnée de marais. Quant au nom *Parisii*, il a probablement été donné aux habitants de la capitale, pour exprimer qu'ils subissaient la domination des prêtres d'*Isis*, dont le temple se trouvait situé à Issy, près Vaugirard.

Quoi qu'il en soit, les Romains possédèrent Lutèce pendant 530 ans, et durant ce période ils l'agrandirent à diverses reprises ; elle devint le séjour habituel des gouverneurs de la Gaule, et plusieurs empereurs en firent aussi leur résidence. Julien l'Apostat contribua surtout à son accroissement, et c'est à la fin du règne de cet empereur, en 361, que Lutèce échangea son nom contre celui de Paris, qu'elle a conservé.

2

TH FRÈRE

LUTÈCE A L'ÉPOQUE DE I

QUÊTE DE JULES CÉSAR.

En 508, Clovis, après avoir anéanti la puissance romaine dans les Gaules, s'établit à Paris, et en fit, deux ans plus tard, la capitale de ses conquêtes. Il y éleva deux temples à la foi chrétienne, qu'il avait embrassée. Ces deux églises, Saint-Pierre et Saint-Paul, furent les deux premières qui aient été construites à Paris. L'île de Lutèce, qui s'appelait l'île du Palais, prit alors définitivement le nom de Cité.

Depuis l'établissement des Francs dans les Gaules, chaque règne apporta quelque embellissement ou quelque accroissement à Paris. Clovis, Childebert et leurs successeurs, firent construire, en dehors de la ville, des abbayes autour desquelles vinrent bientôt se grouper des maisons, et qui formèrent ainsi de petits bourgs; tels furent : *le bourg Saint-Marcel, le bourg l'Abbé, le bourg Thiboust, le bourg Saint-Martin, le Beau-Bourg*, etc. Les incursions des Normands, qui causaient un très-grand préjudice à ces bourgs épars, firent sentir la nécessité de les rattacher à la ville par de nouvelles murailles, et une enceinte construite sous Louis VI les enveloppa bientôt.

A cette époque, **Paris** se divisait en trois parties : la ville au nord, la Cité au milieu, et l'université au midi; chacune de ces divisions avait sa physionomie bien tranchée et semblait une ville à part; mais déjà la Cité était la moins considérable de ces trois parties; et, mère des deux autres, elle ressemblait, selon l'expression de Victor Hugo, à une petite vieille entre deux grandes belles filles.

Cependant, en s'agrandissant, Paris n'avait encore que peu gagné sous le rapport de la civilisation. Tiré un moment de la barbarie pendant le règne de Charlemagne, il retomba bientôt dans les ténèbres profondes qu'avait fait naître l'abrutissement causé par le régime féodal établi sous la seconde race. Ce n'est qu'après le règne de Hugues-Capet que la ville recouvra quelque éclat. Ce prince fut le premier qui résida constamment à Paris, et ses successeurs imitèrent son exemple ; dès lors, le commerce et l'industrie se ranimèrent, et les écoles, qui attiraient un nombre prodigieux d'étudiants, contribuèrent aussi beaucoup à régénérer la capitale de l'empire.

De nouveaux accroissements eurent lieu sous Philippe-Auguste : les rues commencèrent à se paver. Le riche argentier Gérard de Poissy fournit pour cet objet onze mille marcs d'argent, somme énorme pour le temps.

Vers 1190, l'ancienne enceinte ayant été débordée par de nouvelles constructions, Philippe-Auguste fit commencer une autre muraille flanquée de hautes et fortes tours, et entourée de fossés. Sur l'emplacement de cette enceinte sont maintenant percées des rues qui lui doivent leurs dénominations, telles sont les rues du *Rempart*, des *Fossés-Saint-Bernard*, des *Fossés-Saint-Victor*, des *Fossés-Saint-Jacques*, des *Fossés-Montmartre*, etc.

Il ne faut pas croire pourtant que la nouvelle enceinte, qui était fort considérable, fût entièrement remplie de maisons; on y voyait de grands clos ensemencés, désignés sous la dénomination de *Cultures*, et qui ont laissé leur nom à plusieurs des rues actuelles, telles que les rues *Culture-Sainte-Catherine*, *Culture-Saint-Gervais*, etc.

Les améliorations n'arrivaient que lentement : les maisons de Paris étaient encore malsaines et peu aérées, la police y était presque nulle ; les écoliers de l'Université troublaient souvent la capitale et ensanglantaient quelquefois ses rues, et la population était de temps en temps décimée, soit par une inondation, soit par une peste, soit par une famine,

PARIS SOUS

IPPE-AUGUSTE.

Toutefois le règne de saint Louis vit naître un grand nombre d'institutions utiles : une police fut organisée, l'Hôtel-Dieu agrandi et assaini ; on décréta l'abolition du fermage de la prévôté, et les communautés des arts et métiers furent établies.

En dépit des pestes et des famines, la population de Paris augmentait toujours ; des maisons avaient été bâties en dehors des murs, dans la partie septentrionale de la ville, par suite du commerce qui se faisait entre la capitale et les cités du Nord ; les incursions des Anglais rendirent nécessaire, au temps de Charles V, la construction d'une nouvelle enceinte. Cette muraille fut commencée en 1367 et achevée en 1383 ; on ne fit que réparer l'ancienne clôture, au midi, mais il fallut l'étendre considérablement au nord, à cause de l'accroissement qu'avait pris la ville de ce côté. Il est du reste remarquable que depuis le dixième siècle, c'est toujours vers la partie septentrionale que Paris tend à s'agrandir, et cette tendance se fait même encore sentir aujourd'hui.

Charles V, aidé dans la guerre par Duguesclin, et pendant la paix par le prévôt de Paris, Hugues Aubriot, s'occupa aussi de travaux d'assainissement, et fonda la Bibliothèque royale. C'est encore ce roi qui fit construire la trop célèbre Bastille, démolie le 14 juillet 1789.

Plus tard, en 1429, Paris fut témoin des exploits de Jeanne d'Arc. La ville était alors au pouvoir des Anglais!...

Louis XI fit beaucoup pour la prospérité de Paris : par ses soins, des ouvriers habiles vinrent de Grèce et d'Italie, et donnèrent l'impulsion à l'industrie parisienne. La découverte de l'imprimerie et l'établissement de la poste aux lettres, contribuèrent aussi à donner une nouvelle vie à la capitale.

Malgré les calamités de toute espèce qui signalèrent le commencement du quinzième siècle; malgré les Maillotins, les Bourguignons, les Armagnacs, la peste, la disette, les Anglais et les loups, la population de Paris s'élevait, vers la fin du règne de Louis XI, à plus de 300 mille âmes. Les rues étaient en grande partie pavées, des monuments s'élevaient ; en un mot, Paris de cette époque commençait à ressembler beaucoup plus que Lutèce à Paris d'aujourd'hui.

Charles VIII et Louis XII furent trop occupés des guerres d'Italie pour s'inquiéter beaucoup des embellissements de la grande cité. Cependant ce dernier prince, en diminuant les impôts, favorisa le bien-être des Parisiens.

Enfin François Ier donna un nouveau lustre à la capitale de son empire : grâce à Pierre Lescot et à Jean Goujon, -de magnifiques palais s'élevèrent de toutes parts, les artistes accoururent en foule, le luxe s'introduisit, et la civilisation fit un pas. Mais Charles IX et la ligue ensanglantèrent de nouveau les rues de Paris.

Heureusement, Henri IV et Sully vinrent apporter la paix et panser les plaies de la guerre civile : un grand nombre de rues nouvelles sont percées, le pont Neuf s'achève; la place Royale et la place Dauphine apparaissent, l'Hôtel-de-Ville est terminé; enfin une sage administration cicatrise les blessures du peuple.

De nouveaux et nombreux embellissements signalèrent le règne de Louis XIII. Les quais et les principales rues de l'île Saint-Louis furent édifiés ; le Luxembourg et son jardin s'ouvrirent ; le Cours-la-Reine fut planté d'arbres; le Palais-Royal construit ; la Sorbonne rebâtie de fond en comble ; l'église Saint-Roch, l'Oratoire, le Val-de-Grâce, le Jardin-des-Plantes, etc., vinrent encore enrichir Paris, et s'ajouter aux beautés qu'il possédait déjà.

4

Le long règne de Louis XIV fut loin d'être stérile pour Paris ; de toutes parts de nouveaux monuments surgirent, et le grand roi imprima sa grandeur à la grande cité. On perça quatre-vingts rues nouvelles, les Champs-Élysées furent plantés en face du Cours la Reine, les Invalides ouvrirent leurs portes aux vieux débris de nos armées ; le Pont Royal, l'Observatoire, la place du Carrousel, l'église Saint-Sulpice, et surtout les boulevards tracés sur l'emplacement de la vieille enceinte de Philippe-Auguste, rendirent la capitale digne de la France nouvelle. Cinq cent mille habitants vivaient alors dans son enceinte. Pendant ce temps, Colbert redonne la vie au commerce et ranime l'industrie ; mais bientôt la révocation de l'édit de Nantes porte un coup funeste à l'édifice que ce grand ministre avait si laborieusement élevé.

Sous la régence et sous Louis XV, Paris continua de s'embellir et de s'accroître ; des établissements utiles furent fondés. L'École Militaire, le Palais-Bourbon, la place Louis XV, l'École de Droit, l'hôtel de la Monnaie et l'église de Sainte-Geneviève, attestent que cette époque vit Paris marcher dans la voie des perfectionnements.

On commença sous Louis XVI à construire le quartier de la Chaussée-d'Antin, et le mur d'enceinte actuel fut élevé par la ferme générale.

Enfin éclata la révolution française : malheureusement bien des monuments furent alors dégradés ou détruits.

Napoléon survint, et avec lui virent le jour une foule d'établissements utiles ou d'édifices magnifiques. Les hospices, les marchés, les greniers de réserve, les abattoirs, les ponts, les quais, les canaux, les égouts, les fontaines, naissent alors comme par enchantement ; la Banque de France, la Bourse, le palais de la Légion-d'Honneur, l'arc de triomphe du Carrousel ; les rues monumentales de la Paix, de Castiglione, de Rivoli, et surtout la colonne Vendôme, telles sont les principales œuvres de cette grande époque.

La restauration vit naître peu d'édifices publics ; mais beaucoup de constructions particulières, des quartiers nouveaux ne contribuèrent pas peu à faire du Paris d'alors notre Paris d'aujourd'hui.

Depuis 1830, la grande ville s'embellit encore tous les jours : l'arc de triomphe de l'Étoile, la Madeleine, Saint-Vincent-de Paul, l'hôtel du quai d'Orsay, le palais des Beaux-Arts, la Chambre des Députés, la place de la Concorde, l'Hôtel-de-Ville, etc., ont été achevés, restaurés ou reconstruits ; les rues les plus étroites et les plus malsaines ont été élargies, de nombreux trottoirs établis, les boulevards dallés, les quais étendus et plantés d'arbres, l'éclairage au gaz introduit dans les rues principales, un grand système des eaux et des égouts développé ; en un mot, de transformations en transformations, de perfectionnements en perfectionnements, Lutèce est devenue la plus belle ville du monde.

Paris, déjà si peuplé et si étendu, tend encore à se peupler et à s'étendre davantage. Un jour viendra certainement où ses maisons iront rejoindre les fortifications que l'on construit en ce moment ; Dieu veuille que cette ceinture ne gêne pas ses mouvements !

Tel qu'il existe aujourd'hui, Paris a une population de 936 000 habitants. Le nombre des décès s'élève, année commune, à 26 000, celui des naissances à 30 000, celui des mariages à 9 000. La ville consomme en *boissons :* 970 000 hectol. de vins, 47 000 hectol. d'eaux-de-vie, 2 000 hectol. de cidre et poiré, 18 000 hectol. de vinaigre et

123 000 hectol. de bière. En *comestibles:* 854 000 kilog. de raisins, 69 000 bœufs, 22 000 vaches, 68 000 veaux, 435 000 moutons, 90 000 porcs, 305 000 kilog. de pâtés, 2 812 000 kilog. de viandes à la main, 1 103 000 de charcuterie, 1 586 000 kilog. d'abats et issues, 1 367 000 de fromages secs, 93 000 hectol. d'huiles fines, 5 205 000 fr. de marée, 1 323 000 fr. d'huîtres, 593 000 fr. de poisson d'eau douce, 9 605 000 fr. de volailles et gibier, 12 285 000 fr. de beurre, 5 705 000 fr. d'œufs. En *fourrages et grains* : 6 397 000 bottes de foin, 11 387 000 bottes de paille et 944 000 hectol. d'avoine.

Sous le règne de Louis le Gros, l'impôt de la ville de Paris rapportait 220 livres, et dix hommes suffisaient pour la perception. Aujourd'hui, l'octroi produit plus de 30 millions de francs. Lutèce n'avait que deux portes et quelques cabanes, Paris compte 59 barrières, plus de 1200 rues, 34 quais, 20 ponts, 22 hospices ou hôpitaux, plus de 30 000 maisons. Plus de 800 fontaines fournissent aux besoins des habitants et entretiennent la propreté des rues ; plus de 15 000 becs, alimentés par l'huile ou par le gaz, servent à l'éclairage de la ville ; 60 000 voitures circulent dans les rues.

La ville de Paris est le siège du gouvernement et d'un archevêché, le chef-lieu du département de la Seine et d'une cour suprême de justice. Elle est divisée en 12 arrondissements, à la tête de chacun desquels sont un maire et deux adjoints. La police est confiée à un préfet ayant sous ses ordres 48 commissaires de police, 24 officiers de paix, un tribunal de police, un corps de pompiers, deux régiments de garde municipale. En outre 60 000 gardes nationaux concourent au maintien du bon ordre.

La préfecture civile est administrée par un préfet ayant

auprès de lui un conseil de préfecture, un conseil général du département, et un conseil général des hôpitaux et hospices.

L'archevêché de Paris a pour suffragants les évêchés de Versailles, de Meaux, d'Arras, de Cambrai, de Blois, de Chartres et d'Orléans.

La situation de Paris est aussi avantageuse qu'agréable. Elle occupe une vaste plaine que domine une chaîne de collines, où sont assis les faubourgs Saint-Jacques, Saint-Marcel et Saint-Victor, et au nord les hauteurs de Montmartre, de Belleville, de Saint-Chaumont, etc. La Seine la partage en deux parties à peu près égales, et favorise son commerce et ses approvisionnements.

Ses environs, peuplés à plus de 5 myriamètres à la ronde de châteaux et de maisons de plaisance, sont délicieux. Montmorency, Ville-d'Avray, Meudon, Marly, Fontenay-aux Roses, sont d'un aspect on ne peut plus pittoresque.

Centre de la civilisation universelle, Paris est le séjour de tous les grands talents, l'asile heureux des sciences et des arts. Le savant, le littérateur, l'artiste y trouvent tous les secours que réclament leurs travaux ; l'homme du monde, le voyageur, toutes les jouissances, toutes les distractions qui peuvent flatter leur fantaisie.

Il est, dans cette Athènes des temps modernes, des plaisirs pour toutes les fortunes, pour tous les âges, pour tous les goûts ; le tout est de savoir régler ses désirs sur son budget. C'est pour diriger dans cette voie, et d'une manière intelligente, le provincial qui vient visiter Paris, que nous avons entrepris la publication de ce petit livre. Les matières y sont disposées de telle sorte que chacun peut, sans autre secours, sans s'exposer à importuner personne, trouver à l'instant ce qu'il cherche.

5

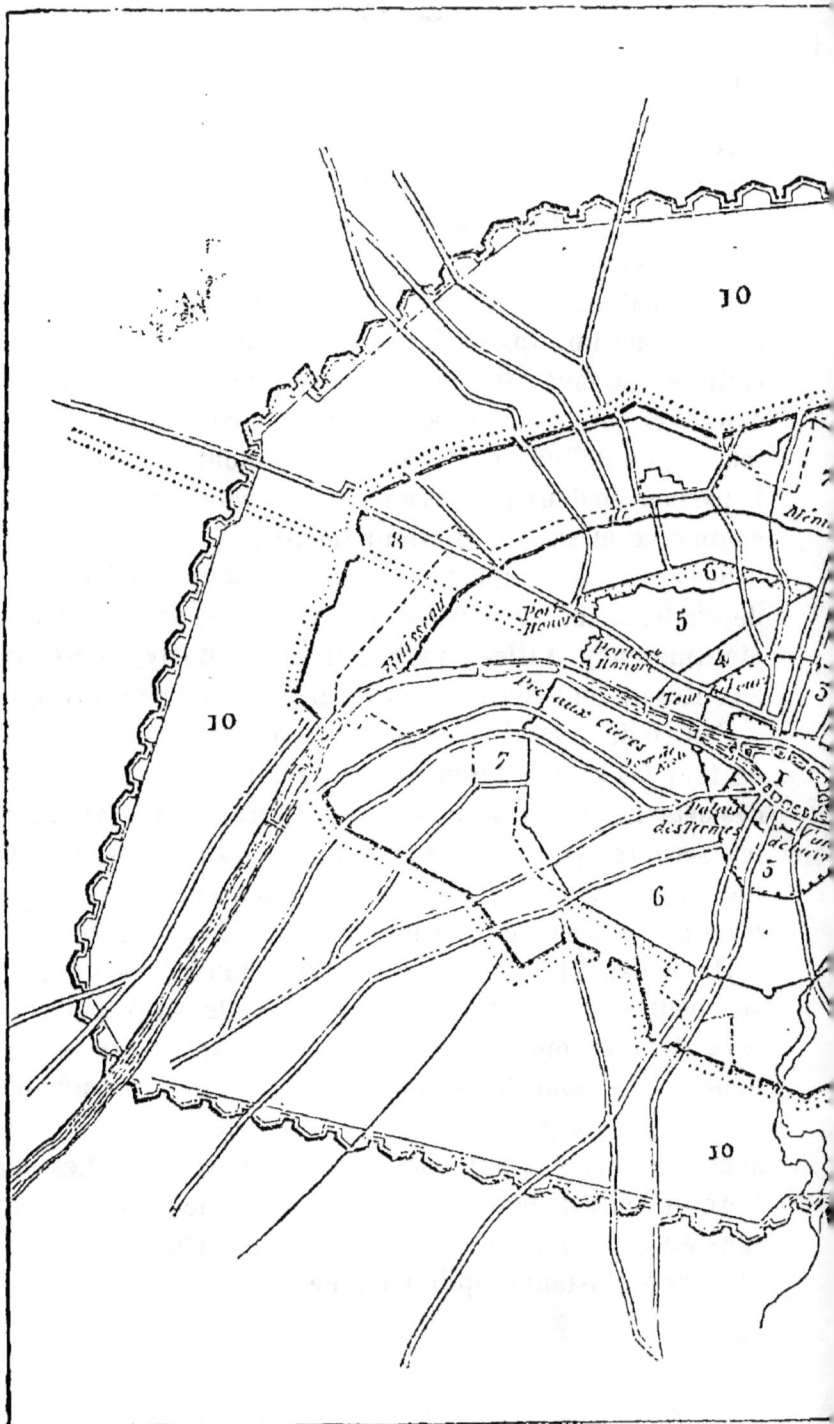

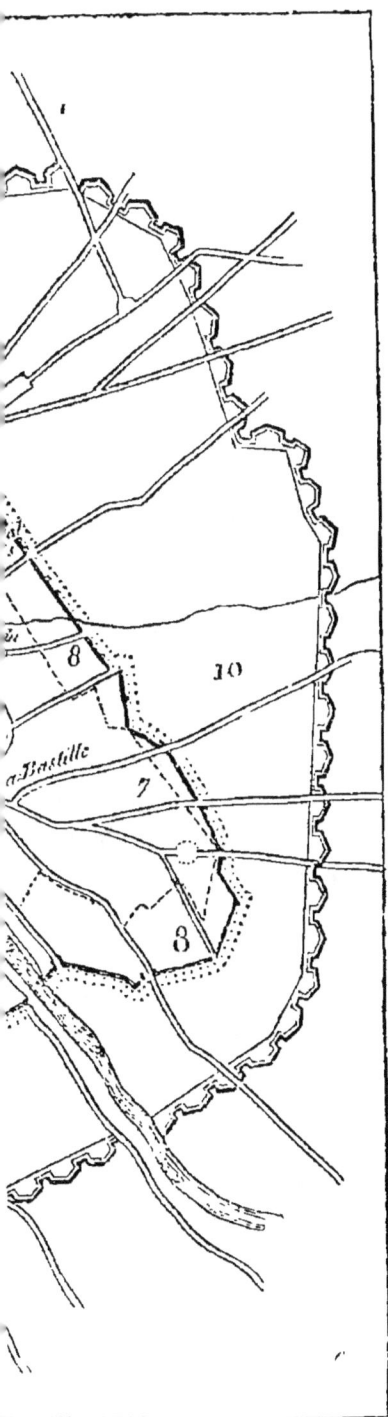

1 ═ Lutèce. Cité. 56 ans avant
   J.-C.

2 ═ Enceinte sous Louis VI,
   dit le Gros. 1137.

3 ═ Enceinte sous Philippe-
   Auguste. 1223.

4 ═ Enceinte sous Charles V
   et Charles VI. 1422.

5 ═ Enceinte sous Louis XIII.
   1643.

6 ═ Accroissement sous Louis
   XIV. 1715.

7 ═ Accroissement sous Louis
   XV. 1774.

8 ═ Enceinte sous Louis XVI.
   1793.

9 ═ Enceinte sous Louis XVIII.
   1824.

10 ═ Enceinte sous Louis-Philippe Ier. 1845.

TOPOGRAPHIE.

Pour faciliter à l'étranger l'étude de la topographie de Paris, nous en avons divisé le plan général en échiquier formant douze parcelles, comme on le voit pages 22 et 23.

I. La première parcelle contient, extra-muros, le village des *Ternes, la chapelle Saint-Ferdinand et le commencement du bois de Boulogne*; puis viennent les barrières de *Longchamps*, des *Réservoirs*, de *Neuilly*, du *Roule*, de *Courcelles* et de *Chartres*.

Intra-muros, on voit *l'arc de triomphe de l'Étoile* (1), le *parc de Monceau*, l'*abattoir du Roule*, l'*Élysée-Bourbon*, l'*avenue de Neuilly*, les *Champs-Élysées* (2).

II. Dans la seconde parcelle, on remarque la place de la *Concorde* avec *l'obélisque* et les *fontaines ;* le *ministère de la Marine*, le *ministère des Finances*; l'*église de la Madeleine* (4) ; le *débarcadère du chemin de fer de Versailles* (rive droite) ; la *place et la colonne Vendôme* (5) ; la *Bibliothèque royale*, la *Bourse ;* puis les *barrières* de *Monceau*, de *Clichy*, *Blanche*, *Montmartre*, des *Martyrs*.

III. Dans la troisième parcelle se trouvent le *Conservatoire des arts et métiers*; le *Conservatoire de musique ;* la *prison Saint-Lazare ;* l'*hospice des Incurables ;* l'*hôpital Saint-Louis* (23) ; le *canal Saint-Martin ;* les *portes Saint-Denis* et *Saint-Martin ;* les *barrières Rochechouart, Poissonnière, Saint-Denis*, des *Vertus*, de la *Villette*, de la *Boyauterie*.

IV. La quatrième parcelle contient, extra-muros, la *butte de Chaumont*, *Belleville* et *Ménilmontant ;* puis les *barrières de la Chopinette*, de *Belleville*, de *Ramponneau*, des *Trois-Couronnes* et de *Ménilmontant*.

V. Dans la cinquième parcelle, on remarque les *ponts d'Iéna* et des *Invalides ;* la *Gare* et le *chemin de fer de Grenelle :* le *Palais-Bourbon*, le *Champ-de-Mars* (16), l'*Ecole Militaire* (17) ; l'*Hôtel* (19) et l'*Esplanade* (18) *des Invalides ;* les *barrières de Passy* et de l'*Ecole Militaire*.

VI. La sixième parcelle est remarquable par la présence du *Palais-Royal* (7) ; de la *Halle-aux-Blés ;* du *palais* (6) *et du jardin* (3) *des Tuileries ;* du *palais du Louvre* (8) ; des *hôtels de la Légion-d'Honneur*, du *Conseil d'Etat*, du *ministère de la Guerre* (21) ; des *ponts de la Concorde*, *Royal*, du *Carrousel*, des *Arts* et du *pont Neuf ;* des *ministères de l'Intérieur* et de l'*Instruction publique ;* du *palais des Beaux-Arts* (22) ; de l'*Institut* (23) ; de l'*hôtel de la Monnaie :* de l'*hôpital de la Charité* (24) ; de l'*église Saint-Sulpice ;* de l'*Ecole de Médecine* (25).

VII. Cette parcelle contient l'*église Saint-Eustache*, le *Marché des Innocents*, le *Temple*, l'*Imprimerie royale ;* les *ponts au Change*, *Notre-Dame*, *d'Arcole*, *Louis-Philippe*, de la *Cité*, des *Tournelles*, *Sainte-Marie*, *Constantine ;* le *Palais-de-Justice* (26) ; l'*Hôtel-de-Ville* (10) ; l'*église Notre-Dame* (27) ; la *place Royale*, la *place de la Bastille* (12) ; la *Bibliothèque de l'Arsenal* (11).

VIII. La huitième parcelle contient l'*Abattoir Ménilmontant ;* la *prison des jeunes détenus* (14), l'*hospice des Quinze-Vingts*, l'*hôpital Saint-Antoine*, la *place du Trône* (15) ; les *barrières des Amandiers*, *d'Aunay*, des *Rats*, de *Fontarabie*, de *Montreuil ;* et, extra-muros, le *cimetière du Père-Lachaise*.

6

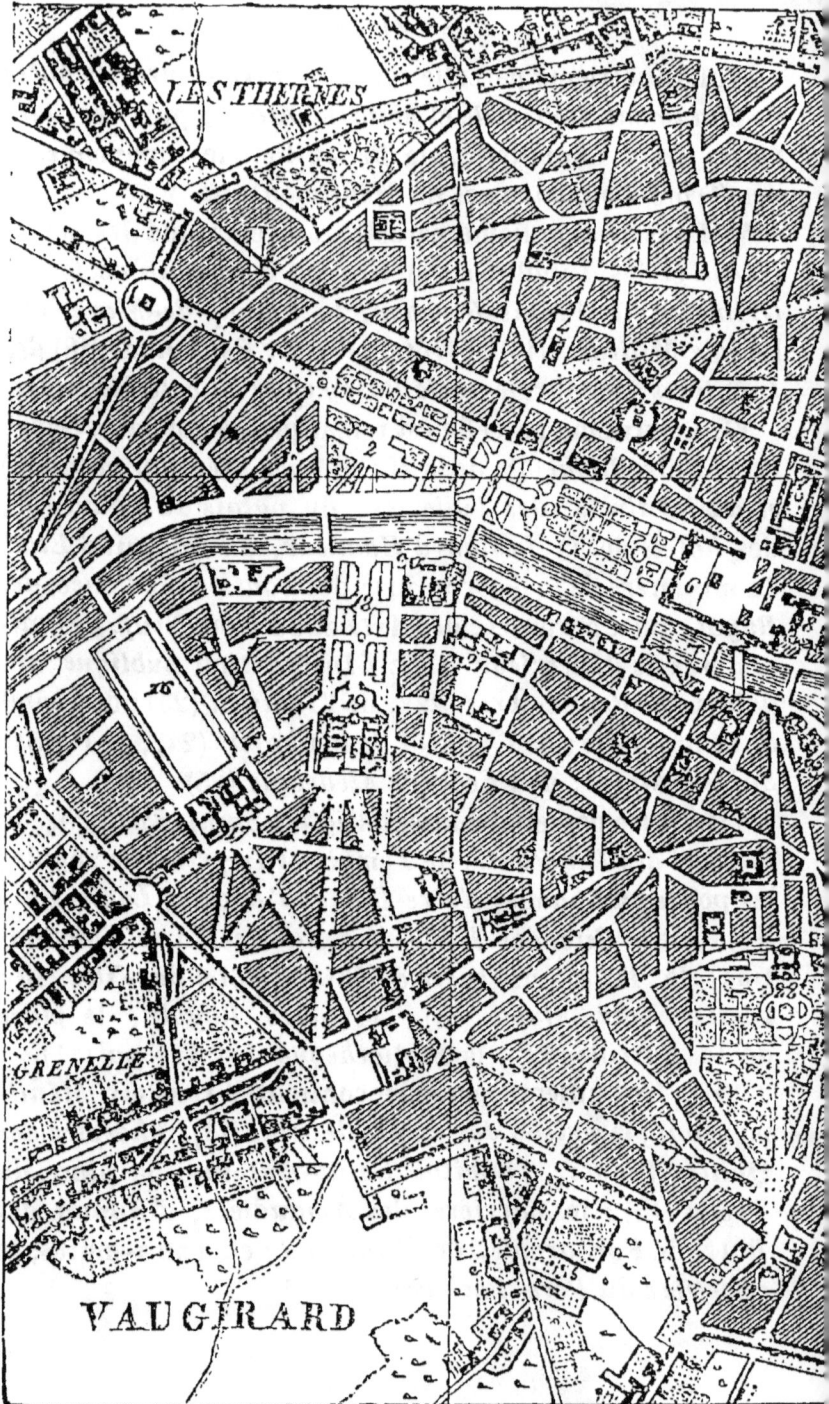

LES THERMES

GRENELLE

VAUGIRARD

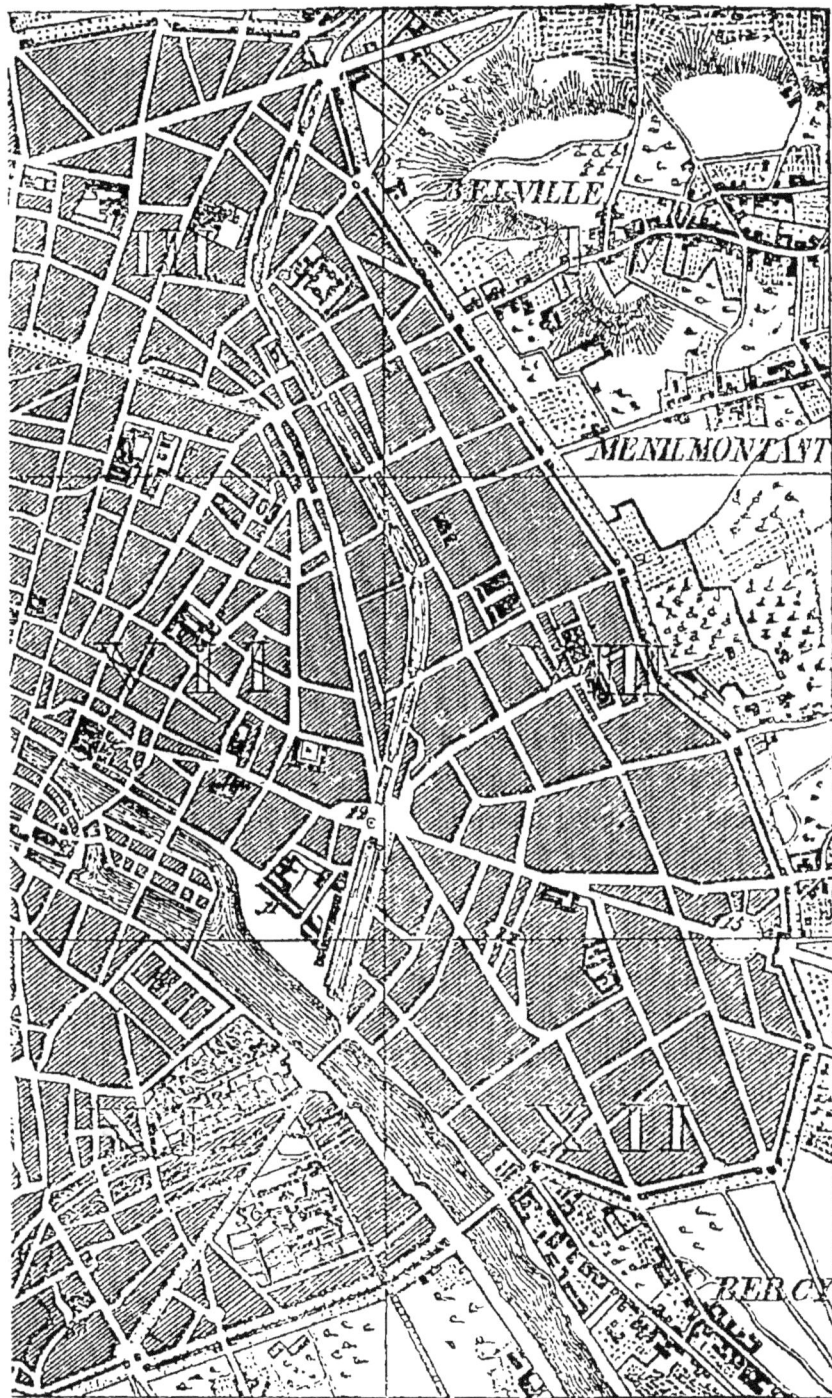

BELVILLE

MÉNILMONTANT

XII

BERCY

IX. Dans cette parcelle se trouvent l'*Abattoir* et le *puits de Grenelle;* puis les *barrières des Paillassons*, de *Sèvres*, de *Vaugirard*, des *Fourneaux*. Extra-muros, le village de *Vaugirard* et l'*embarcadère du chemin de fer de Versailles* (rive gauche), à la barrière du Maine.

X. La dixième parcelle est remarquable par le *palais* et le *jardin du Luxembourg* (28) ; le *cimetière Montparnasse;* l'*Institution des Sourds-Muets* (29) ; l'*hôpital du Val-de-Grâce* (31) ; l'*Observatoire* (32) ; les *boulevards Montparnasse*, *d'Enfer*, *Saint-Jacques*.

XI. Cette parcelle contient le *Panthéon* (30), la *Halle aux Vins* (34), le *pont d'Austerlitz*, la *Manufacture des Gobelins*, le *Jardin des Plantes* (35), l'*Hôpital de la Salpétrière* (36), les barrières de *Croulebarbe*, *d'Italie*, *d'Ivry*, des *Deux-Moulins*.

XII. Enfin la douzième et dernière parcelle contient le *pont de Bercy*, les barrières de *la Râpée*, de *Bercy*, de *Charenton*, de *Reuilly*, de *Picpus*, de *Saint-Maur* et du *Trône*. Extra-muros, les villages de la *Grande-Pinte* et de *Bercy*.

Une fois que l'on a remarqué la composition et la corrélation des douze parcelles ci-dessus, il est aisé de s'orienter dans Paris. Pour cela, on observe qu'il y a des rues de deux ordres différents : 1° celles qui sont parallèles au cours de la Seine, et dont les numéros vont en augmentant du levant au couchant ; 2° Les rues perpendiculaires à la Seine, dont les numéros commencent toujours au point le plus rapproché du fleuve. Dans ces deux ordres de rues, les numéros pairs sont à droite et les impairs à gauche; savoir : dans les rues perpendiculaires de l'une ou de l'autre rive, quand on s'éloigne de la Seine, et dans les rues parallèles, quand on suit le cours du fleuve.

Ainsi, quand on a les numéros impairs à droite, et conséquemment les numéros pairs à gauche, on s'approche du fleuve par une rue perpendiculaire, ou on remonte son cours par une rue parallèle.

Par exemple, la rue Saint-Honoré est parallèle au cours de la Seine, ses numéros commencent à la rue Saint-Denis, les impairs à gauche. La rue Saint-Denis s'éloigne de la Seine, ses numéros impairs sont à gauche, en partant du fleuve.

Les quais, sur la rive droite, ont des numéros pairs, et sur la rive gauche, les quais ont des numéros impairs.

Le cours de la Seine est donc la ligne principale pour s'orienter dans Paris. Viennent ensuite les boulevards et les rues artérielles auxquelles aboutissent presque toutes les autres rues.

Après avoir jeté un coup d'œil sur le cours de la Seine en suivant les quais, on étudie la ligne des boulevards de la Madeleine à la Bastille, des Invalides au Jardin-des-Plantes ; puis les rues Saint-Honoré, Saint-Denis, Saint-Martin, Saint-Jacques, du Temple, etc., en prenant toujours pour point de départ ou de repère un monument remarquable.

Quelques jours de promenades faites d'après les indications qui précèdent, et avec le *Paris synoptique* à la main, font du provincial le plus novice un véritable Parisien, s'il a eu le soin d'étudier une à une, en commençant par la page suivante, les douze parcelles du plan général.

7

LES T

Route de St Denis

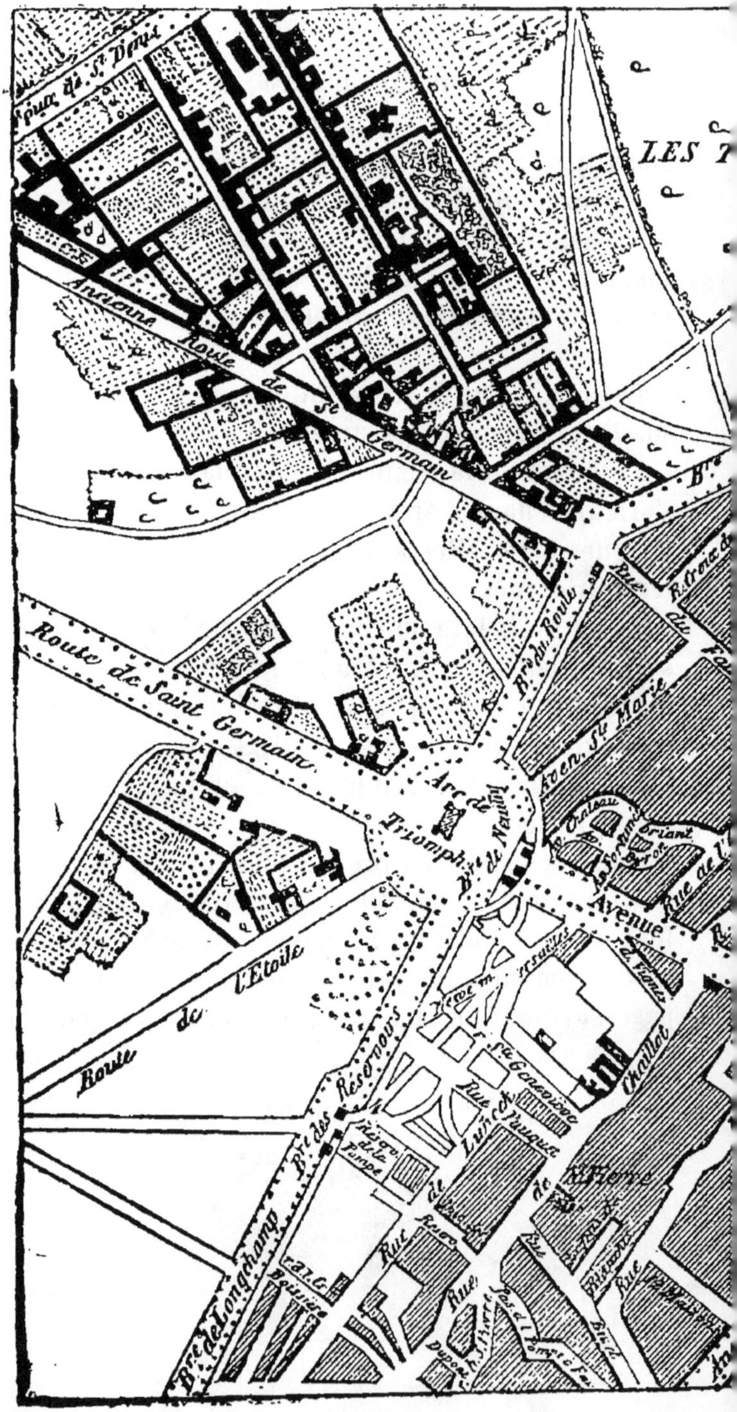

Ancienne Route de St Germain

Route de Saint Germain

Arc de Triomphe

Route de l'Etoile

Route

Bd de Longchamp

Avenue

Chaillot

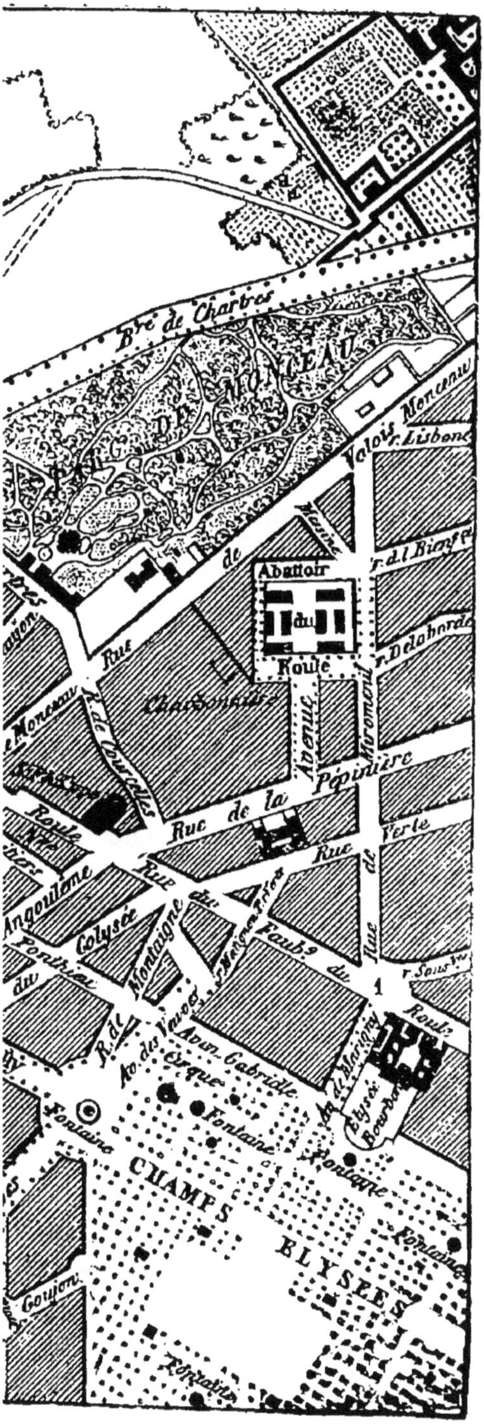

Abattoir du Roule. .
Angoulème, r. d'
Arc de triomphe de
  l'Etoile.
Avenue de l'abattoir
  du Roule.

4 Bassins, r. des
Bayard, r.
Beaujon, hôpital.
4 Beauveau, pl.
Berry, r. Nve de
Bienfaisance, r. de la
Bizet, r.
Blanchisseuses, imp.
  des
Buvette champêtre,
  ruelle de la
Byron, avenue.

Chaillot, r. de
Champs-Elysees.
Charbonnière.
Chartres, r. de
Chartres, barr. de
Chateaubriand, av.
Chemin de Versailles,
  r. du
Cirque des Ch.-Elys.
Colysée, r. du
Courcelles, r. de
Courcelles, barr. de
Croix-Boissière, r. de
  la
Croix-du-Roule, r.

Delaborde, r.
Denis, route de St
Douze-Maisons, ruel-
  le des.
Dupont, r.

Elysée-Bourbon, pa-
  lais de l'
Etoile, route de l'
Etoile, barr. de l'

5 Fortin, r.
Fortunée, avenue.
François 1er, pl.

Gabrielle, avenue.
Geneviève, rue Ste-

Germain, route de St-
Germain, anc. route
 de St-

Jean Goujon, r.

Lisbonne, r. de
Longchamp, bar. de
Lubeck, r. de

Marbœuf, r.
2 Marbœuf, ruelle de.
Marie, avenue Ste-
Marigny, avenue de
Matignon, r.
Messine, rue de
Miroménil, rue de
Monceau, rue de
Monceau, parc de

Montaigne, r.

Neuilly, av. de
Neuilly, barr. de
Newton, r.

Oratoire, r. de l'

Pauquet, r.
Pépinière, r. de la
Pépinière, cas. de la
Philippe St du Roule,
 égl.
Pierre, r. basse St-
Pierre, de Chaillot,
 égl. St-
Poitiers, r. Nve de, ou
 des Ecuries d'Artois
Pompe, réserv. de la

Pompe, pass. de la
Ponthieu, r. de

Réservoirs, barr. des
Réservoirs, imp. des
Roule, r. du faub. du
Roule, barr. du

Saussayes, r. des

Ternes, les, près Pa-
 ris.

Valois-Monceau, r.
 de
Verte, r.
Verte, Pet. r.
Veuves, aven. des
Vignes, r. des

PRINCIPAUX MONUMENTS.

Arc de triomphe de l'Etoile. — C'est le plus grand qui soit en Europe, et l'un des édifices les plus remarquables. Commencé en 1806 par ordre de Napoléon, achevé en 1836.

La hauteur totale de l'arc de triomphe est de 49 mètres, sa largeur de 45; son épaisseur de 22 m. Il est percé de 3 arcades. Divers bas-reliefs ornent ce superbe édifice. Le groupe à droite, faisant face à Paris, représente *le Départ pour la défense de la patrie*; celui de gauche, *le Triomphe.* Du côté de Neuilly, à droite, on voit *la Résistance*, à gauche *la Paix.* Les bas-reliefs latéraux représentent la bataille d'Austerlitz et celle de Jemmapes. La frise offre différents sujets : d'un côté, les *représentants du peuple distribuent les drapeaux aux armées de Sambre et Meuse et d'Italie*; de l'autre côté, *le retour des armées victorieuses;* au centre *la France régénérée, accompagnée de la Prospérité et de l'Abondance, distribue des couronnes.* A l'intérieur des arcades on lit les noms des batailles de la République et de l'Empire, et les noms des généraux qui s'y sont distingués.

Le public est admis tous les jours à monter sur la plate-forme de l'arc de triomphe de l'Étoile, d'où l'on découvre une vue magnifique.

Beaujon (Hôpital). — Rue du Faubourg-du-Roule, 54 ; fondé en 1784 par Beaujon, conseiller-d'état et receveur général des finances ; construit par Girardin. C'est l'un des plus beaux de Paris, la chapelle surtout mérite d'être vue. L'hôpital Beaujon peut recevoir 350 malades.

Elysée Bourbon (Palais de l'). — Rue du Faubourg-Saint-Honoré, 59. Le comte d'Évreux le fit construire en 1718 ; la marquise de Pompadour l'habita après lui ; plus tard Louis XV l'acheta dans l'intention d'y recevoir les ambassadeurs extraordinaires ; le palais passa ensuite aux mains de Beaujon ; après lui, la duchesse de Bourbon l'habita et lui donna son nom ; elle ne le quitta qu'en 1790. L'Élysée-Bourbon devint alors propriété nationale.

Divers entrepreneurs y donnèrent des fêtes publiques. On y établit aussi une maison de jeu. Le prince Murat en devint propriétaire en 1803. Il le céda ensuite à Napoléon, qui y signa son abdication en 1815, après la bataille de Waterloo. En 1814 l'empereur Alexandre, Wellington, puis le duc de Berry, en firent leur demeure.

Dans cette parcelle, il y a encore à voir les églises *Saint-Philippe du Roule* et *Saint-Pierre de Chaillot,* la *chapelle Saint-Ferdinand,* le *parc de Monceau,* la *pompe à feu de Chaillot,* etc.

8

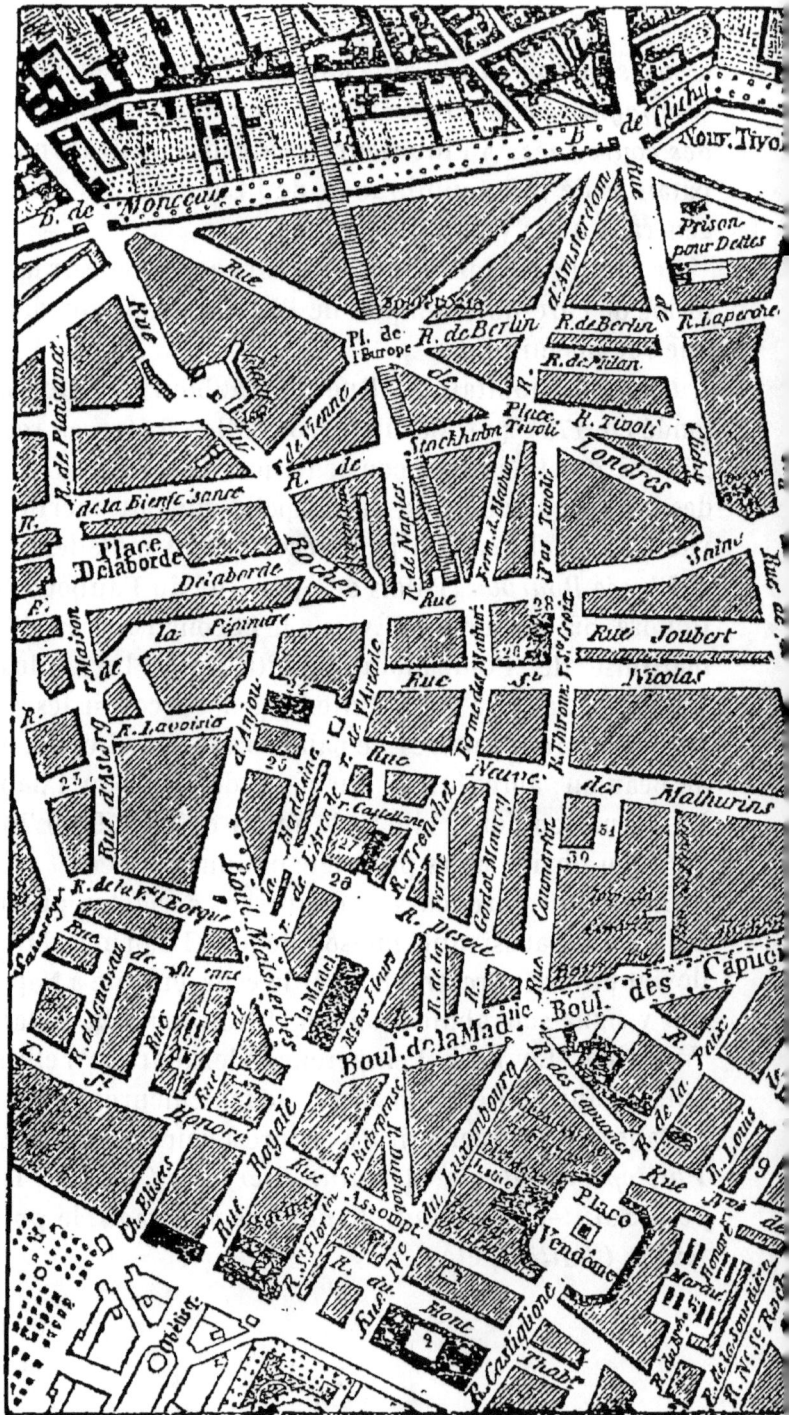

Abattoir Roche-
chouart.
Affaires étrangères,
min. des
Aguesseau, r. d'
.Anjou, r. d'
Anne, r. Ste-
9 Antin, cité d'
Antin, r. d'
Arcade. r. de l'
Argenteuil, imp. d'
Assomption, égl. de l'
Astorg, r.d'
Augustin, r. Nve St-

Basse-du-Rempart, r.
Beauregard, r.
Berlin, r. de
14 Bibliothèque ro-
yale.
Bienfaisance, r. de la
Blanche, r.
Blanche, barr.
30 Boudreau, r.
Boulogne, r. de
28 Bourbon, coll.
Boursault, r.
15 Bourse, r. de la
Bourse, pl. de la
Breda, r.
Breda, r. Nve
Buffault, r. de

58 Cadet. r.
Capucines, boul. des
Capucins, r. des
Caserne Clichy.
Castellane, r.
Castiglione, r.
Caumartin, r.
Cendrier, pass.
Cendrier, imp.
5 Chabannais, r.
Champs-Elysées.
Chancellerie de Fr.
24 Chapelle expiatoi-
re de Louis XVI.
Chaptal, r.
35 Chauchat, r.
Chaussée-d'Antin, r.
de la
26 Chauveau-Lagar-
de, r.

1 Chemin de fer de St-Germain.
Choiseul, r. de
7 Choiseul, pass.
Clichy, r. de
Clichy, barr. de
Co·pel, imp.
Colonnes, r. des
Coquenard, r.
Coquenard, r. Nve-
Corderie, r. de la
Croix, r. Ste-

6 Dalayrac, r.
Dany, imp.
Delaborde, r.
Delaborde, pl.
Desèze, r.
Duphot, r.
Duras, r.

54 Entrepôt des malles.
57 Entrepôt de l'octroi.
Etat-maj.de la place.
Europe, pl. de l'

Ferme des Mathurins, r. de la
Feydeau, r.
Filles-Saint-Thomas, r. des
2 Finances, minist. des
Florentin, rue St-
Fontaine-St-Georges, r.
Fossés-Montmartre, r. des
Foy, galerie
Frochot, r.

Gaillon, r.
Gaz, usine pour le
Georges, r. St-
Georges, pl. St-
Godot de Mauroy, r.

Grammont, r. de
Grange-Batclière, r.
Guillaume, cour St-

10 Hanovre, r. de
Helder, r. du
Hilaire, cour St-
Honoré, r. St-
Honoré, r. du faub. St.-
52 Houssaye, r. du
Hyacinthe, r. St-

Italiens, boul. des

Jean, égl. St-
Joquelet, r.
Joubert, r.
Justice, minist. de la

La Bruyère, r. de
Laffitte, r.
Laperche, r.
Larochefoucauld, r.
Laval, r. de
Lavoisier, r.
Lazare, r. St-
Lepelletier, r.
Lisbonne, r. de
Londres, r. de
Louis-le-Grand, r.
29 Louis, égl. St-
12 Louvois, r. de
43 Lulli, r. de
Luxembourg, r. Nve-du

Madeleine, r. de la
Madeleine, boul.de la
Madeleine, égl. de la
8 Mahon, r du Port-
Mail, r. du
Maisonneuve. r.
Malesherbes, boul.
Marc, r. St-
Marché St-Honoré.
Marché St-Honoré, r. du

Marche aux fleurs de la Madeleine.
24 Marché d'Aguesseau, r. du
72 Marché de la Madeleine.
4 Marsollier, r.
Martyrs, r. des
Marine, minist. de la
Martyrs, barr. des
Mathurins, r. Nve des
Ménars, r. de
Michodière, r. de la
Milan, r. de
Monceau, barr. de
Mondovi, r.
Moineaux, r. des
5 Monsigny, r.
Montmartre, boul.
Montmartre, r.
Montmartre, r. du faub.-
Montmartre, barr.
Mont-Thabor, r.

Naples, r. de
Navarin, r. de
Néothermes.
Nicolas, r. St-
Notre-Dame-des-Victoires, r.
25 Notre-Dame-de-Grâce, r.
Notre-Dame-de-Lorette, r.
53 Notre-Dame-de-Lorette, égl.

Obélisque.
Octroi, direct. de l'
Olivier, r.
56 Opéra, théât. de l'
Opéra, pass. de l'
Orléans, cité d'

Paix, r. de la
19 Panoramas, pass. des

Pépinière, r. de la
Petits-Champs, r.
Nve-des-
Petits-Pères, pass. des
18 Petits-Pères, égl.
des
Pierre, petite r. St-
Pigale, r.
Pinon, r.
Plaisance, r. de
Prison pour dettes.
Provence, r. de

11 Rameau, r.
22 Retiro, cour du
Retiro, pass. du
59 Richer, r.
Richelieu, r.
Rivoli, r. de
Roch, r. Nve-St-

Rocher, r. du
25 Roquepine, r.
Rougevin, imp.
Royale, r.
Saussayes, r. des
Sourdière, r. de la
Souterrain du chem.
de fer.
Stockholm, r. de
Suresnes, r. de

Taitbout, r.
Thiroux, r.
Tivoli, nouveau.
Tivoli, pass.
Tivoli, pl.
Tivoli, r. de
Tour-d'Auvergne, r.
de la

Tour-des-dames,
de la

40 Trudaine, aven. de
Trois-Frères, r. des
Tronchet, r.
51 Trudon, r.

50 Variétés, théât. des
Vendôme, pl.
Victoire, r. de la
16 Victoires, cas. des
Victoires, pl. des
Vienne, r. de
Ville-l'Évêque, r. de
la
Vivienne, r.
Vivienne, r. Nve
17 Vivienne, pass.

PRINCIPAUX MONUMENTS.

Assomption (Église de l'), nos 369 et 371, rue Saint-Honoré. Elle fut bâtie en 1670 et faisait partie d'un couvent fondé en 1662 par le cardinal de La Rochefoucault pour les filles de l'Assomption. Elle sert maintenant pour le catéchisme.

Bibliothèque royale. — Rue de Richelieu, 58. Charles V peut être regardé comme le fondateur de cette immense bibliothèque. Il avait le goût des livres, et rassembla une collection de 910 volumes qui furent placés dans une tour du Louvre. Plus tard, après la découverte de l'imprimerie, cette collection s'augmenta considérablement. Louis XII et François Ier surtout s'en occupèrent ; mais ce ne fut que sous Louis XIV qu'elle prit un développement extrêmement important.

Après avoir été transférée du Louvre à Blois, de Blois à

9

Fontainebleau et de cette dernière ville à Paris, au collége de Clermont, puis aux Cordeliers, puis rue Vivienne, la Bibliothèque royale, qui dans ces différents lieux s'était considérablement augmentée, fut enfin installée dans l'ancien hôtel du cardinal Mazarin, qu'elle occupe aujourd'hui.

Elle est devenue la plus vaste collection, en ce genre, qui soit au monde. Elle possède près de 900 000 volumes, non compris les exemplaires doubles ; environ 80 000 manuscrits dans toutes les langues, plus de 15 millions de gravures, et à peu près 300 000 cartes ou plans. Outre toutes ces richesses, elle renferme encore un cabinet d'antiques où se trouvent 100 000 médailles du plus grand prix, plusieurs milliers de pierres gravées, et une foule d'autres objets d'antiquité du plus haut intérêt.

La bibliothèque royale s'augmente encore tous les jours par le dépôt obligé de tous les ouvrages qui paraissent, et par des acquisitions continuelles.

Palais de la Bourse. Commencé en 1808, sur l'emplacement du couvent des Filles-Saint-Thomas ; c'est un des plus magnifiques édifices de l'Europe. Il occupe un parallélograme de 41 mètres sur 69. Il est entouré de 64 colonnes d'ordre corinthien, de 10 mètres de hauteur, placées 20 de chaque côté et 14 sur chaque face.

La grande salle de la Bourse a 38 mètres de longueur sur 25 mètres de largeur. Elle est décorée de grisailles d'une perfection admirable. A l'extrémité de la salle est le parquet des agents de change. Le tribunal de commerce occupe le premier étage.

Les opérations de la Bourse ont lieu de une heure à cinq. Pendant que les affaires se traitent, les dames ne peuvent pénétrer dans le palais. Les étrangers y sont admis à toute heure.

Champs-Elysées. On ne doit appeler Champs-Élysées que la partie qui longe le faubourg Saint-Honoré, à droite de la route qui conduit à l'arc de triomphe de l'Étoile. L'autre côte s'appelle le *Cours-la-Reine.*

Ils furent plantés d'arbres en 1660, et l'on nommait alors cette promenade le *Grand-Cours,* pour la distinguer de la promenade voisine.

La longueur des Champs-Élysées est d'environ 2 400 mètres. C'est une des promenades les plus fréquentées de Paris.

Chapelle expiatoire de Louis XVI, située rue d'Anjou-Saint-Honoré, sur le lieu même où les restes du roi et de la reine Marie-Antoinette, recueillis par un particulier, avaient été inhumés. Au retour des Bourbons, on transporta ces restes à Saint-Denis, et la chapelle fut construite par ordre de Louis XVIII.

Chapelle Saint-Jean-Porte-Latine, rue du Faubourg-Montmartre, au-dessus de la rue de Buffault. Elle était desservie par deux prêtres, et remplaçait l'ancienne chapelle de Notre-Dame-de-Lorette ; elle a été depuis, à son tour, remplacée par la nouvelle église de ce nom.

Saint-Louis-d'Antin, rue Sainte-Croix. Elle fut bâtie peu d'années avant la Révolution. C'était l'église d'un couvent où vinrent s'établir, en 1785, les capucins de Saint-Jacques. Le couvent a été converti en un collège (le collège Bourbon), et l'église est maintenant la première succursale de la Madeleine.

Marché Saint-Honoré, situé entre la rue Saint-Honoré et la rue Neuve-des-Petits-Champs ; il est bâti sur l'emplacement qu'occupait jadis le couvent des Jacobins.

Ce couvent était devenu fameux par les séances qu'y tint le club révolutionnaire qui lui emprunta son nom.

Madeleine (Église de la), boulevart de la Madeleine. Ce monument fut commencé en 1764, sous Louis XV, sur l'emplacement de l'ancienne église de la Ville-l'Évêque. Les travaux, interrompus par les événements de la Révolution, ne furent repris qu'en 1804. Napoléon destinait alors cet édifice à devenir un temple de la Gloire. La Restauration changea cette destination et les travaux se continuèrent dans le but de convertir ce temple en monument expiatoire à la mémoire de Louis XVI. La Révolution de Juillet modifia encore les intentions précédentes, et la Madeleine achevée est devenue une église somptueuse, qui a été livrée au culte catholique et bénie par l'archevêque de Paris en mai 1842.

Notre-Dame-de-Lorette (Église), située au bout de la rue Laffitte. Cette église s'élève sur l'emplacement de l'ancienne chapelle Notre-Dame-de-Lorette où des *Porcherons ;* elle sert de succursale à la paroisse Saint-Roch. Notre-Dame-de-Lorette est, sans contredit, la plus élégamment ornée des églises de Paris, et les tableaux de nos premiers artistes y abondent.

Opéra (Théâtre de l'), rue Lepelletier. Après avoir occupé diverses salles plus ou moins grandes et plus ou moins luxueuses, selon les degrés de splendeur ou de médiocrité qu'il a parcourus depuis 1671, le grand Opéra, qui avait passé rue Mazarine, rue de Vaugirard, au Palais-Royal, à la Porte Saint-Martin et rue Richelieu, est enfin venu se fixer rue Lepelletier dans une salle provisoire. C'est le plus remarquable de nos théâtres sous le rapport de la beauté de la salle, du luxe des représentations et du talent des artistes. Le gouvernement le subventionne d'une somme de 700 000 fr., et paye en outre 130 000 fr. pour les pensions de retraite que l'administration accorde aux artistes qui l'ont servie pendant 20 ans.

Petits-Pères (Église des), près la place des Victoires. Faisait partie des couvents des Augustins réformés. Cette maison fut fondée en 1629 sous la protection de Louis XIII, et les bâtiments qu'occupaient les Petits-Pères sont devenus, d'une part, la mairie du 3e arrondissement, et de l'autre une caserne de la garde municipale. L'église, qui fut rebâtie en 1656, est maintenant la première succursale de la paroisse Saint-Eustache.

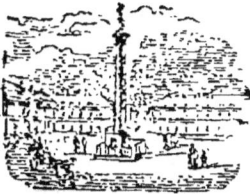

Place Vendôme. Érigée en 1688 par Louis XIV sur l'emplacement d'un ancien couvent. Les bâtiments qui l'entourent furent construits sur les dessins de Mansard ; une statue équestre du *grand roi*, exécutée par Girardon, et abattue en 1792, occupa le milieu de la place, qui s'appelait alors place Louis-le-Grand. En 1806, une colonne en l'honneur des armées françaises remplaça la statue. Cette colonne est revêtue de 276 plaques en bronze, provenant de 1 200 pièces de canon prises sur les Autrichiens et les Russes, et représentant les principaux faits de la campagne de 1805. Le poids total du bronze est de 1 800 000 kilog.

Une statue de Napoléon, en costume impérial, surmontait la colonne ; elle fut renversée en 1814 par les alliés. Elle a été remplacée en 1835 par une autre ; l'empereur y est représenté avec sa redingote grise et son petit chapeau.

PARCELLE III

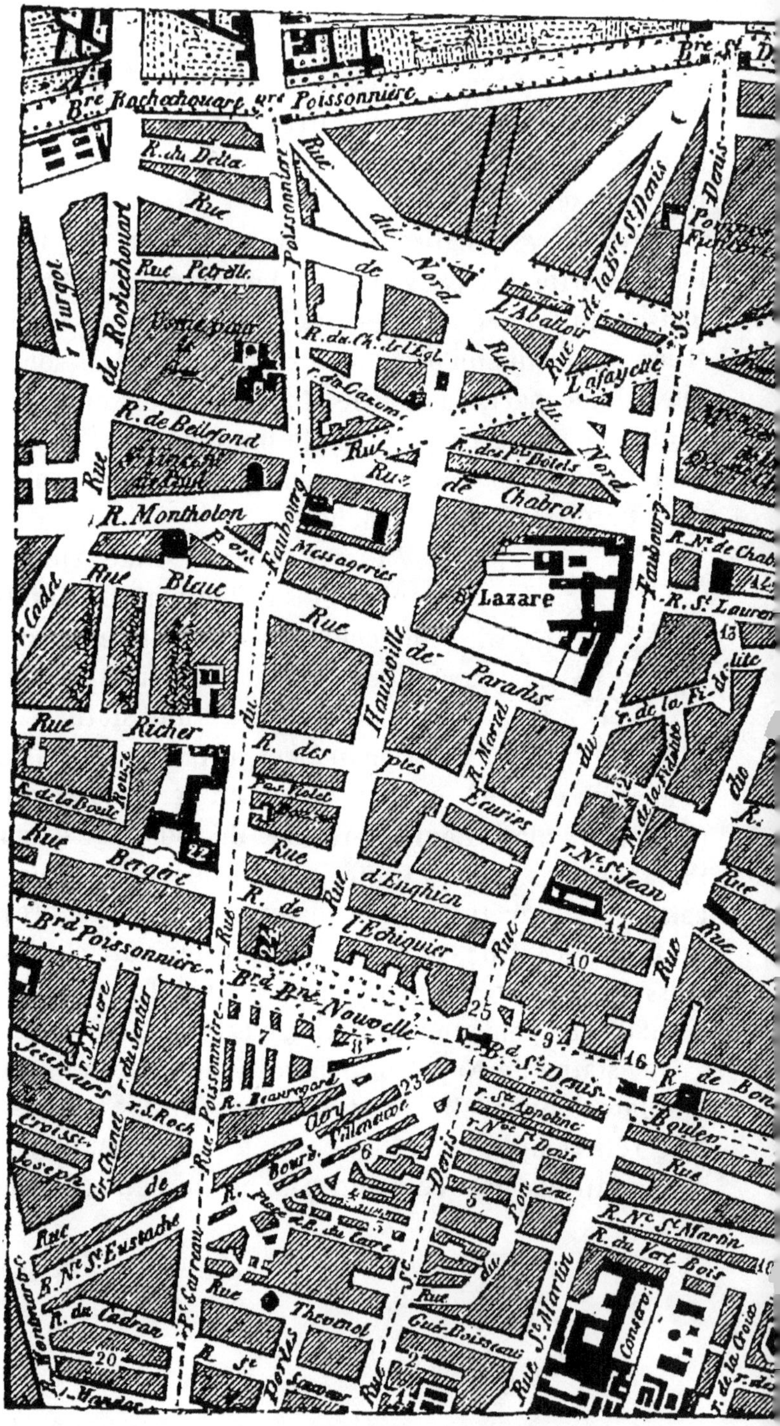

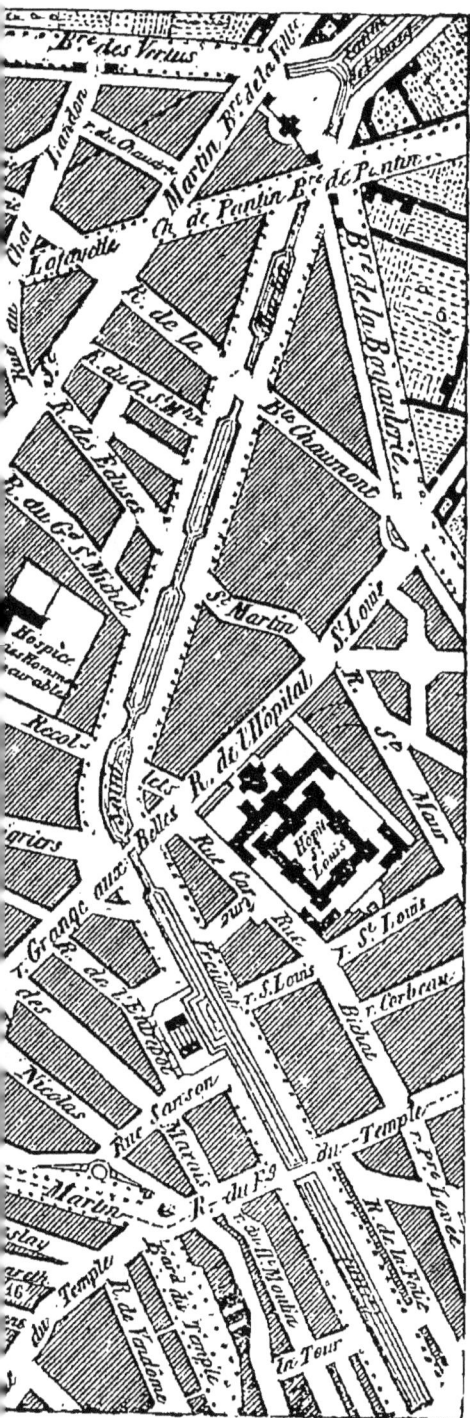

Abattoir, r. de l'
Abattoir Roche--chouart.
Albouy, r.
Ambigu, théâtre de l'
Appoline, r. Ste-

Barbe, r. Ste-
Barrière St-Denis, r. de la
2 Basfour, imp.
Beauregard, r.
Bellefond, r. de
Bergère, r.
Bergère, cité
Bichat, r.
Bleue, r.
Bois de Boulogne, pass. du
Bondy, r. de
Bonne-Nouvelle, r.
8 Bonne-Nouvelle, égl.
Bonne-Nouvelle, boulev.
Bonne-Nouvelle, baz.
Boule-Rouge, r. de la
Bourbon-Villeneu-ve, r.
Boyauterie, barr. de la
11 Brady, pass.
Butte-Chaumont, r. de la

Cadet, r.
Cadran, r. du
Caire, r. du
5 Caire, pass. du
Caire, pl. du
Canal-St-Martin, r. du
Carême-Prenant, r. du
Catherine, r. Ste-
Chabrol, r. de
Chabrol, r. Nve-de-
Chapelle, r. de la
15 Charité, r. de la
Château-d'Eau.
Château-Landon, r. du
Châtillon, r.

Chemin de la Voirie, r. du

Chenet, r. du Gros-

Chevet de l'Eglise, r. du

Chopinette, r. de la

Cirque-Olympique.

23 Claude, r. St-

Claude-Villefosse, r.

Clery, r.

22 Conservatoire de Musique.

Conservatoire des Arts et Métiers.

Corbeau, r.

Croix, r. de la

Croissant, r. du

Damiette.

Delta, r. du

Denis, r. St-

Denis, r. du Faub.-St-

23 Denis, Porte St-

Denis, boulev. St-

Denis, r. Nve-St-

Denis, barr. St-

12 Désir, pass. du

Douane.

Echiquier, r. de l'

Ecluses-St-Martin, r. des

Egout, imp. de l'

Elisabeth, r. Ste-

17 Elisabeth, égl. Ste-

Enghien, r. d'

Entrepôt, r. de l'

Entrepôt des douanes

Etienne, r. St

Eustache, r. Nve-St-

Fiacre, r. St-

Fidélité, r. de la

Fidélité, r. Nve-de-la-

4 Filles-Dieu, r. des

Folie, r. de la

Folies dramatiques, théâtre des

Fontaines, r. des

Fontaine-au-Roi, r.

Fossés-du-Temple, r. des

6 Foy, r. Ste-

Frères de la doctrine chrét., maison des

Gaîté, théâtre de la

Garde municipale, cas. de la

Gaz, usine pour le

Gazomètre de l'Opéra

Gazomètre, r. du

Geoffroy-Marie, r.

Grand-Prieuré, r. du

Grange-aux-Belles, r.

Guérin-Boisseau, r.

24 Gymnase, théât. du

Hauteville, r.

Haut-Moulin, r. du

Hôpital St-Louis, r. de l'

14 Industrie, passage de l'

Incurables (hommes), hosp. des

Jean, r. Nve-St-

Jemmapes, quai

Jeûneurs, r. des

Joseph, r. St

Joseph, marché St-

Lafayette, r. de

Lafayette, pl.

Lancry, r. de

Laurent, r. St-

Laurent, r. Nve-St-

Laurent, égl. St-

14 Laurent, foire St-

Lazare, pris. de St.-

Louis, r. St-

Louis, hôp. St-

7 Lune, r. de la

Madelonnettes, pris. des

Malte, rue de

Mandar, r.

Marais, rue des

Marché St-Laurent, r. du

Marché aux fourrages

Marquefoy, r.

Martel, r.

Martin, r. St

Martin, r. Nve-St-

16 Martin, Porte-St-

Martin, boulv. St-

Martin, Faub.-St-

Martin, théât. de la Porte-St-

Martin, canal St-

15 Martin, r. des-Fossés-St-

Maur, r. St-

Menus-plaisirs.

Messageries, r. des

Meslay, r.

Michel, r. du Grand-St-

Miracles, cour des

Montholon, r.

Montmartre, r.

Nicolas, r. Nve-St-

Nord, r. du

Notre-Dame-de-Nazareth, r.

Opportune, imp. St-

Orléans, r. Nve-d'

9 Orléans, cité d'

Ourcq, canal de l'

Pantin, chemin de

Pantin, barr. de

Papillon, r.

Paradis, r. de

Petit-Carreau, r. du

Petit-Thouars, r. du

Petites-Ecuries, r. des

Petites-Ecuries, pass. des

Petits-Hôtels, r. des
Pétrelle, r.
Pierre-Levée, r.
Planchette, imp. de la
Poissonnière, r.
Poissonnière, r. du Faub.-
Poissonnière, barr.
Poissonnière, boulev.
Poissonnière, cas.
Pompe, imp. de la
Pompes funèbres
Pompiers, cas. des
Ponceau, r. du
18 Pont-aux-Biches, r. du
Portes-St-Sauveur, r. des-Deux-

Récollets, r. des
Recouvrance, r. Notre-Dame-de-
Ribouté, r.
Richer, r.
Richer, galerie
Roch, r. St-

Sanson, r.
Saulnier, pass.
20 Saumon, pass. du
Sauveur, r. St-
Sauveur, r. Nve-St-
Sentier, r. du
19 Synagogue.

Temple, r. du
Temple, r. du F.-du

Thévenot, r.
Tour, r. de la
5 Tracy, r. de
Trévise, r.
Trévise, cité
1 Trinité, enclos de la

Vendôme, r. de
Vendôme, pass.
Vert-Bois, r. du
Vertus, barr. des
Villette, barr. de la
Vinaigriers, r. des
Vincent - de - Paul église St-
Violet, pass.
Voirie, r. de la
Voirie, chemin de la

PRINCIPAUX MONUMENTS.

Ambigu-Comique (Théâtre de l'), situé d'abord boulevard du Temple, reconstruit sur le boulevard St-Martin, après qu'un incendie eut détruit l'ancienne salle en 1827. Fondé par Audinot ; on y représentait de petites comédies pour les enfants. Depuis, on y joue des mélodrames.

Bonne-Nouvelle (Église Notre-Dame de), rue Beauregard, 21, et rue Notre-Dame-de-Bonne-Nouvelle, 2. — Bâtie en 1624, érigée en cure en 1673 ; elle est maintenant la troisième succursale de la paroisse Saint-Eustache.

Canal de l'Ourcq. Ce canal sert de communication entre la Marne et le canal de Saint-Quentin ; il se termine au grand bassin de la Villette.

Canal Saint-Martin. Il traverse Paris, en partant du bassin de la Villette et aboutissant aux grands fossés de la Bastille, d'où il se réunit à la Seine.

11

Château-d'Eau, boulevard Saint-Martin. — Cette belle fontaine fut érigée au commencement de 1811, et inaugurée le 15 août de la même année, jour de la fête de Napoléon. Elle reçoit ses eaux du bassin de la Villette.

Cirque-Olympique, boulevard du Temple, fondé par l'écuyer Franconi. Ce théâtre est principalement destiné aux exercices équestres, qui y sont exécutés, du reste, avec une surprenante perfection. Outre la salle du boulevard du Temple, les frères Franconi en ont encore établi une autre aux Champs-Élysées.

Conservatoire des Arts et Métiers, rue Saint-Martin, 208 et 210. — Fondé en 1695 par la Convention; il renferme une immense et précieuse collection de modèles ou de dessins représentant des machines, des outils ou des instruments propres aux arts, à l'agriculture et à l'industrie. Cette collection est encore augmentée chaque jour par le dépôt des modèles d'instruments qui obtiennent des brevets d'invention. — Des cours publics y sont établis, deux pour la mécanique et la chimie appliquée aux arts, un troisième d'économie industrielle, un quatrième d'agriculture, un cinquième de droit industriel. Le Conservatoire renferme aussi une école de dessin et de géométrie descriptive. Les salles sont ouvertes au public les jeudis et dimanches; les étrangers en obtiennent l'entrée tous les jours, sur la simple présentation de leurs passeports.

Conservatoire de Musique, rue Bergère et rue du Faubourg-Poissonnière; fondé en 1784, destiné à former des élèves pour le chant, la musique et la déclamation. Ces élèves, tant hommes que femmes, sont au nombre de

350 environ. Le garde-meuble de la couronne est placé dans le même édifice.

Gaieté (Théâtre de la), boulevard du Temple, fondé en 1760 par Nicolet, célèbre faiseur de tours de ce théâtre; portait alors le titre de *Grands danseurs du roi,* qu'il quitta en 1789 pour celui de *la Gaieté.* Il fut détruit en 1835 par un incendie, et réédifié sur le même emplacement.

Les pièces qu'on y représente sont presque exclusivement des mélodrames du genre le plus larmoyant.

Gymnase (Théâtre du), boulevard Bonne-Nouvelle. Fondé en 1820 sous les auspices de la duchesse de Berry; on y joue des vaudevilles. Ce théâtre eut longtemps une très-grande vogue, à cause des charmantes pièces qu'y faisait représenter M. Scribe, et de la bonne composition de la troupe. Il est maintenant un peu déchu de son ancienne splendeur.

Madelonnettes (Prison des). Cette maison fut achetée en 1620 par Marguerite de Gondi, marquise de Maignelai, pour servir de couvent à une communauté de filles repentantes, qu'on appelait les *Filles de la Madeleine,* ou Madelonnettes. Elle sert maintenant de prison à des femmes.

 *Porte Saint-Denis.* L'un des plus beaux monuments de Paris. Cet arc de triomphe fut construit en 1672, sur les dessins de François Blondel, en mémoire des victoires de Louis XIV; les sculptures qui le décorent sont de Girardon et de Michel Auguière. La Porte Saint-Denis a 24 mètres de hauteur; elle est située entre les rues Saint-Denis et du Faubourg-Saint-Denis, le boulevard Bonne-Nouvelle et le boulevard Saint-Denis.

Porte Saint-Martin. Érigée en 1674 par la ville de Paris, et, comme la porte Saint-Denis, en mémoire des victoires de Louis XIV. Quoique inférieur en beauté à la porte Saint-Denis, ce monument ne laisse pas cependant que d'être très-remarquable; sa hauteur totale est de 16 mètres. La porte Saint-Martin fut construite sur les dessins de Ballet, élève de Blondel.

Porte-Saint-Martin (Théâtre de la), boulevard Saint-Martin. Construit en soixante-quinze jours, en 1781, pour recevoir la troupe de l'Opéra, dont la salle venait d'être brûlée. Son répertoire se compose principalement de mélodrames.

Saint-Laurent (Église), rue du Faubourg-Saint-Martin, 125. On ignore l'époque de sa fondation; c'était, à ce que l'on croit, une abbaye dès le sixième siècle; elle ne fut érigée en paroisse que l'an 1280. On la rebâtit en 1429; elle fut agrandie en 1548; rebâtie encore, presque en entier, en 1595. Elle est aujourd'hui la paroisse du cinquième arrondissement.

Saint-Laurent (Foire). Sur l'emplacement où se trouve aujourd'hui le marché, se tenait autrefois une foire qui dut sa première institution au règne de Louis le Gros. Cette foire ne durait alors qu'un seul jour, celui de la Saint-Laurent. Plus tard on étendit sa durée; enfin on y établit des théâtres où les pièces un peu graveleuses, mais pleines d'esprit, de Lesage et de Piron, attiraient la foule. La foire Saint-Laurent fut entièrement abandonnée en 1775, lorsqu'on eut permis aux spectacles forains de s'établir sur les boulevards, et que l'Opéra-Comique eut été réuni à la Comédie-Italienne.

Saint-Vincent-de-Paul (Église), construite en 1844 à l'extrémité de la rue Hauteville, est une des plus jolies églises de Paris.

La principale entrée forme un portique à trois rangs ioniques; on y arrive par un perron de 60 marches.

Saint-Lazare (Prison de), rue du Faubourg-Saint-Denis, 117. On ignore l'origine de cette maison. On sait seulement qu'au quatorzième siècle, elle était habitée par des chanoines réguliers, et qu'on y soignait les lépreux. En 1632, elle fut donnée à saint Vincent-de-Paul, qui y mourut. C'était à Saint-Lazare que les rois recevaient le serment de fidélité de tous les ordres, avant de faire leur entrée dans Paris. C'était là aussi que s'arrêtait leur corps avant d'être transporté à Saint-Denis.

Saint-Lazare est maintenant une prison de femmes qui y sont renfermées par catégories, suivant la nature des délits. Elle peut contenir environ 900 femmes, qui s'y occupent de divers ouvrages de couture.

Saint-Louis (Hôpital), rue du Carême-Prenant et rue de l'Hôpital-Saint-Louis. La première pierre de cet hôpital fut posée le 13 juillet 1607 ; bâti aux frais des administrateurs de l'Hôtel-Dieu, qui reçurent en échange de Henri IV un droit de dix sous sur chaque minot de sel vendu dans tous les greniers à sel de la généralité de Paris, pendant quinze années, et cinq sous sur chacun à perpétuité. On traite principalement à Saint-Louis les maladies de la peau; environ 900 lits sont consacrés à recevoir les personnes affectées de ces maladies.

Route de Meaux

BUTTE DE CHAUMONT

BELLEVILLE

M. E. N.

R. de la Chapelle

R. de la Chapelle

Bson St Louis

Rue Bretagne

B. de Belleville

B. de Ramponeau

Route de

Théâtre

Faub. du Temple

Saint

R. Lorillon

Rue Ferdinand

R. de Moulin Joli

B. de Longpont

R. Fontaine au Roi

R. des Trois Bornes

Maur

R. des 3 Couronnes

B. de Ramponeau

Avenue de Men

L. Ménilmontant

Belleville, barr. de
Belleville, théât. de
Bretagne, cl. de
Buisson–St-Louis, r. du

Caserne du Faub.-du-
Temple.
Chaumont, butte de
Chopinette, barr. de la
Chopinette, r. de la
Corbeau, r.

Ferdinand, r.
Fontaine-au-Roi, r.

Lorillon, r. de

Maur, r. St-
Meaux, route de
Ménilmontant, r. de
Ménilmontant, barr. de
Ménilmontant, av. de
Ménilmontant.
Moulin-Joly, r. du

Philibert, pass.
Pierre-Levée, r.

Ramponneau, barr.

Temple, Faub.-du-
Trois-Bornes, r. des
Trois – Couronnes, barr. des
Trois-Couronnes, r. des

PROMENADES.

Belleville ou la Courtille, grand et joli village situé sur une hauteur, près des murs de la barrière de Paris qui porte le même nom. C'est, en quelque sorte, un des faubourgs de la capitale.

Autrefois, ce village s'appelait *Saviæ*, et les anciens rois qui le possédèrent y battaient une monnaie qui portait le mot *Savæ*. Ensuite, le territoire fut divisé entre plusieurs seigneurs laïques ou ecclésiastiques, à qui les rois firent des donations. L'église de Belleville n'a été bâtie qu'au dix-septième siècle. Auparavant, les habitants dépendaient, pour le culte, des paroisses de Saint-Méry de Paris, de Pantin et de Bagnolet.

Un titre en date du 30 juillet 1649 donne à ce village le nom de *Belleville-sur-Sablon*.

C'est dans ce village que demeurait le poëte Favart, dont la femme était une actrice distinguée. C'était pour elle que son mari avait composé *les Trois Sultanes*, comédie restée au répertoire du théâtre français. L'abbé de Voisenon, leur inséparable ami, habitait également Belleville. Favart et sa femme y ont été enterrés. Un seul cyprès indique leur sépulture. La maison de Favart est occupée aujourd'hui par un pensionnat de demoiselles. Le célèbre romancier, M. Paul de Kock, habite depuis longtemps Belleville.

La position de ce village qu'environnent les *prés-Saint-Gervais*, ajoute à l'agrément des maisons de campagne. Aussi, pendant la belle saison, est-il le rendez-vous d'un grand nombre de Parisiens, attirés par les bals publics et les guinguettes qui s'y trouvent éparpillés.

Un peu plus loin est le village de *Romainville*, qui possède un château et un parc dont la situation domine la plus belle perspective des maisons de Paris. Le principal agrément de Romainville c'est le bois de lilas si connu, où les habitants de Paris vont respirer un air pur et jouir de frais ombrages. Dans le bois, il y a une source d'eau très-limpide, appelée la fontaine de *Miré*.

Les étrangers ne manquent pas de visiter la jolie maison de campagne nommée le *moulin de Romainville*.

En 1814, les Français soutinrent à Romainville, contre l'armée ennemie, un combat acharné. Après la capitulation de Paris, les Russes y établirent leur quartier général.

CHAMP DE MARS

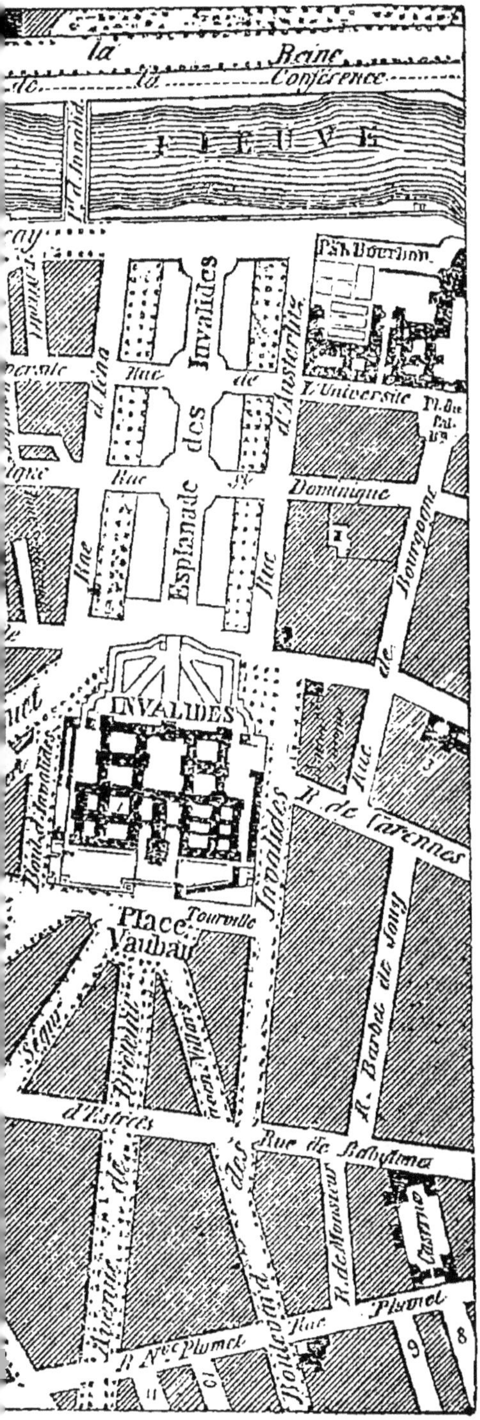

8 Acacias, r. des
Ambassade turque.
Amélie, r.
Austerlitz, r. d'

Babylone, r. de
Babylone, cas. de
Barbet-de-Jouy, r.
Batailles, r. des
Bayard, r.
Boucherie-des-Inva-
    lides, r. de la
Bourbon-Palais.
Bourgogne, r. de
Billy, quai de
Boufflers, avenue de
Breteuil, avenue de

Champ de Mars.
4 Chevert, pet. r. de
Comète, r. de la
Conférence, quai de la
Cours-la-Reine, le
Cunette, barr. de la
Cygnes, îles des

Desaix, r.
Dominique, r. St
6 Duguesclin, r.
Dupleix, pl.
Dupleix, r.

Ecole militaire.
Ecole militaire, barr.
    de l'
Eglise, r. de l'
Etoile, imp. de l'
Estrées, r. d'

7 Ferme-de-Grenel-
    le, route de la
Fontenay, pl.
Franklin, r.

Grenelle, r. de
12 Grenelle, barr. de
Grenelle, gare de
Grenelle, imp. de
Gymnase normal mi-
    litaire et civil.
Harcourt, r. d'
Hôpital militaire du
    Gros-Caillou.

Iéna, pont d'
Iéna, r. d'
3 Intérieur, ministère de l'
Invalides, boulev. des Ouest
Invalides, boulev. des Est
Invalides, esplan. des
Invalides, hôtel des
Invalides, pont des

Jean, r. St—

Kléber, r.

5 Labourdonnaie, r.
Labourdonnaie, avenue de
Lamothe-Piquet.

Lowendal. avenue
Lubeck, r. de
Magdebourg, r.
Malar, r.
Marie, barr. Ste
Marie, r. Ste—
9 Masseray, rue de
Monsieur, r.

Neuve-Plumet, r.
Nicolet, r. de

Orsay, quai d'

Palais-Bourbon, pl. du
Passy, barr. de
Pierre-du-Gros-Caillou, église St—
Plumet, r.

Pompe, r. de la

10 Rousselet, r.

Saxe, aven. de
Ségur, aven. de
Suffren, aven. de

2 Tabacs, manuf. des
Tourville, aven. de
11 Traverse, r. de la
Triperie, r. de la

Université, r. de l'

Varennes, r. de
Vauban, pl.
Vert-Buisson, imp. du
Villars, aven. de
Vierge, r, de la

PRINCIPAUX MONUMENTS.

Hôtel des Invalides. Ce magnifique établissement fut créé par Louis XIV, et la première pierre fut posée le 30 novembre 1671. Les bâtiments, extrêmement vastes, sont séparés entre eux par des cours spacieuses. Le dôme est l'œuvre de Mansard, qui mit trente ans à le construire : c'est le plus beau qui existe. L'Hôtel des Invalides sert d'asile à 4 ou 5 mille vieux soldats qui y trouvent tous les soins que réclament leur âge et leurs blessures. On peut visiter tous les jours, de dix heures à quatre heures, l'intérieur de cet établissement.

Champ de Mars, entre le pont des Invalides et l'École Militaire. Parmi les événements remarquables dont il fut le théâtre, on peut citer la fameuse *Fédération* du 14 juillet 1790, et le *Champ de Mai*. Le champ de Mars sert maintenant aux manœuvres militaires, aux grandes revues et aux courses de chevaux.

Ecole Militaire, fondée par Louis XV en 1751, pour 500 jeunes gentilshommes sans fortune, qui devaient y recevoir une éducation militaire. Depuis la Révolution, ce bel édifice a servi de caserne; la garde impériale y fut placée, la garde royale lui succéda, et, depuis 1830, un régiment de cavalerie l'occupe.

Hôpital militaire du Gros-Caillou, rue Saint-Dominique, 212. Il servait, sous la Restauration, d'hôpital à la garde royale. Il contient à peine 100 lits.

Palais-Bourbon, commencé en 1722. Construit pour la duchesse de Bourbon, sur les dessins de Girardini, de Lassurance, de Gabriel père et autres. La salle d'assemblée fut édifiée en 1796 par MM. Gisors et Lecomte. Le péristyle de ce palais fut élevé en 1807 sur les dessins de M. Poyet. Au pied de l'escalier on remarque deux statues colossales, représentant Minerve et Thémis; à l'extérieur sont placées quatre autres statues : Sully, Colbert, L'Hospital et Daguesseau. La salle des séances est remarquable par les ornements qui la décorent, et par les peintures et les bas-reliefs.

Les étrangers peuvent visiter tous les jours l'intérieur de ce palais, en s'adressant au concierge ou à la questure de la Chambre.

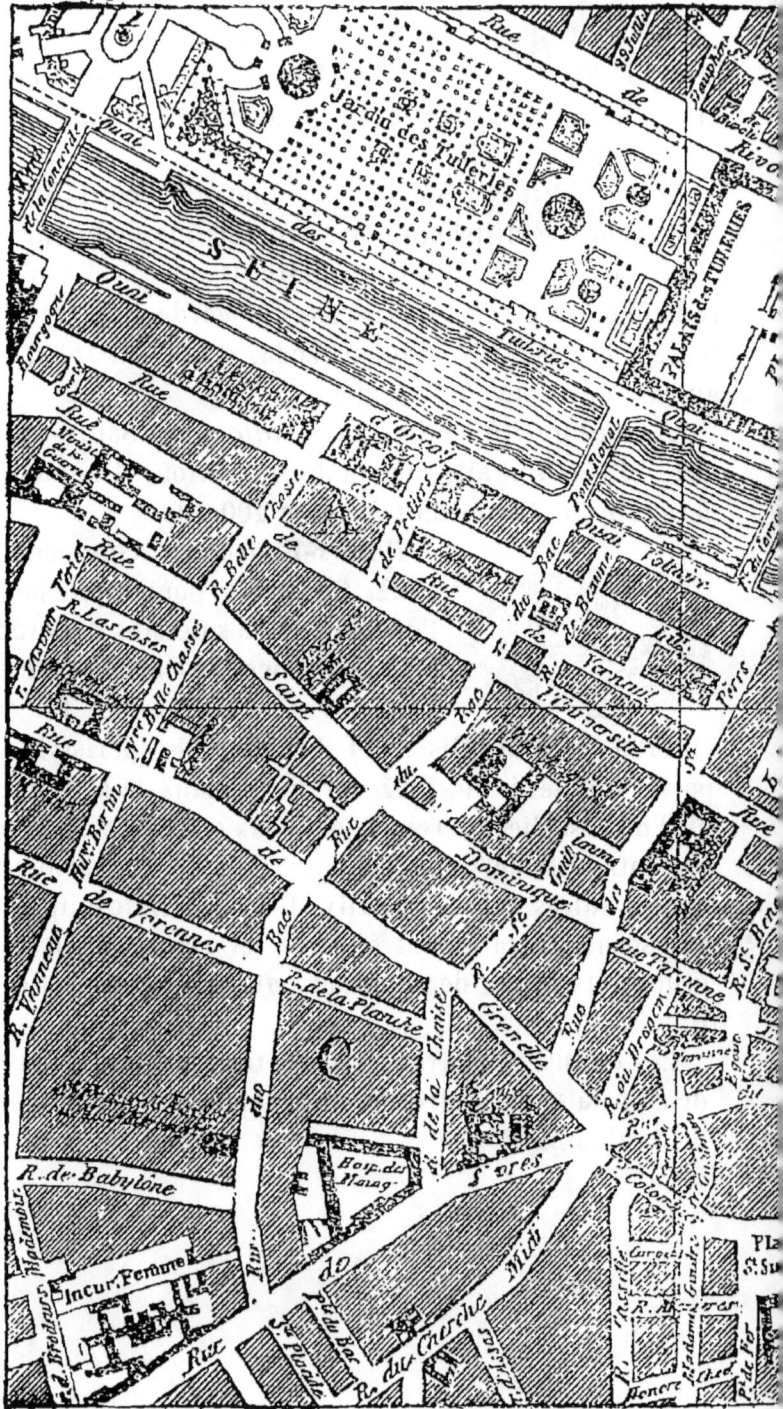

Abbaye, r. de l' C.
Abbaye-aux-Bois. D.
Ancienne – Comédie,
  rue de l' D.
André-des-Arts, r. St-
  D.
André-des-Arts, pl.
  St D.
Angevillers, r. d' B.
Anne, r. Ste- B.
Arbre-sec, r. de l' B.
Argenteuil, r. d' B.
Arts, pont des B.
Assas, r. d' C.

Babille, r. B.
Babylone, r. de C.
Bac, r. du A. C.
Bac, petite r. du C.
Baillet, r. B.
Bailleul, r. B.
7 Baillif, r. B.
Battoir, r. du D.
Banque de France. B.
Beaune, r. de A.
Beaux-Arts, r. des D.
Beaux-Arts, pal. des
  D.
Bellechasse, r. A.
Benoit, r. St- D.
Beurrière, r. C.
Bibliothèque, r. de la
  B.
Bons-Enfants. r. des B.
Bons-Enfants, r. Nve
  des B.
Bouloy, r. du B.
Boucherie, r. de la A.
Boucheries – St-Ger-
  main. r. des D.
Bourgogne, r. de A.
Brodeurs, r. des C.
Bussy, r. de D.

Canivet, r. du D.
Canettes, r. des D.
Cardinale, r. D.
Carpentier, r. C.
Carrousel, r. du B.
Carrousel, pl. du B.
Carrousel, pont du B.
Caserne Bellechasse.
  A.
Caserne Tournon. D.

Casimir-Périer, r. A.
Cassette, r. C.
Chaise, r. de la C.
Chantre, r. du B.
Charité, hôpital de la C. D.
Chartres, rue de B.
Cherche-Midi,r. duC.
Childebert, r. D.
Chilpéric, r. B.
9 Christine, r. D.
Cimetière-St-André-des-Arts, r. du D
Ciseaux, r. des D.
Clément, r. D.
Clinique, hôp. de la D.
Clos Georgeau. B.
Cœur-volant, r. du D.
Commerce, cour du D.
Condé, r. D.
1 Concorde, pl. de la A.
Concorde, pont de la A.
Conti, quai. B. D.
Contrescarpe – Dauphine, r. D.
Coq, r. du B.
Coq-Héron, r. B.
Coquillière, r. B.
Courty, r. de A.
Croix - des - Petits-Champs, r. B.

Dauphin, r. du B.
Dauphine, r. D.
Dauphine, pl. D.
Delorme, pass. B.
5 Deux-Portes, r.des D.
Dominique, r. St- A. C.
Doyenné, r. du B.
Dragon, r. du C.
Dragon, cour du C.

Echaudé, r. de l' D.
Echelle, r. de l' B.
Ecole, quai de l' B.
Ecole de Dessin. D.
Ecole de Médecine. D.
Ecole -de-Médecine, r. de l' D.
Ecole-de-Médecine, pl. de l' D.
Egout, r. de l' D.
Eperon, r. de l' D.
Erfurth, r. d' D.
Evêque, r. l' B.

Félibien, r. D.
Ferou, r. D.
Fontaines, cour des B.
Fossés -St-Germain-l'Auxerrois, r. des B.
Four-St-Germain, r. du D.
Four-St-Honoré, r. du B.
Frondeurs, r. des B.

Garancière, r. D.
Germain - des - Prés, r. St.- D.
Germain - des - Prés, St- égl. D.
10 Germain-l'Auxerrois, egl. St- B.
Geindre, r. du D.
Git-le-Cœur, r. D.
Grands-Augustins, r. des D.
Grands – Augustins , quai des D.
Grenelle-St-Germain r. C.
Grenelle-St-Honoré, r. de B.
Guénégaud, r. D.
Guerre, minist. dela A.

Guillaume, r. St. D.
Guillaume,cour StD.
Guillemin, r Nve-.D.
Halle au blé. B.
Harpe, r. de la D.
Hautefeuille, r. D.
Hillerin-Bertin, r. C.
Hirondelle, r. de l'D.
Honoré, r. St- B.
Honoré - Chevallier, r. D.
Horloge, quai de l' D.

Incurables, femmes, hosp. des C.
Instruction publ. minist. de l' C.
Intérieur, minist. de l' C.

Jacob, r. D.
Jannison, r B.
Jardinet, r. du D
Jean-Jacques-Rousseau, r. B.
Jean-Tison, r. B.

Las-Cases, r. de A.
Légion d'honneur, palais de la A.
Lille, r. de A. B.
1 Louis-St-Honoré , r. St- B.
Louis, collège St- D.
Louvre, palais du B.
Louvre, pl. du B.
Louvre, quai du B.

Mabillon, r. D.
Maçons-Sorbonne, r. des D.
Madame, r. D.
Mademoiselle. r. C.
Malaquais, quai. B.
Marais – St-Germain, r. des D.
Marché St-Germain. D,

PRINCIPAUX MONUMENTS.

Ecole gratuite de Dessin, 3, rue de l'École-de-Médecine. Fondée en 1767, par M. Bachelier, en faveur des ouvriers de Paris qui se destinent aux professions mécaniques.

Ecole de Médecine, rue de l'École-de-Médecine, construite de 1769 à 1786. Elle est composée d'un amphithéâtre pouvant contenir 1200 personnes, d'une salle d'assemblée, d'une bibliothèque qui contient 30 000 volumes, et d'un beau cabinet d'anatomie comparée. Vingt-trois professeurs enseignent dans cet établissement toutes les parties de la médecine.

Abbaye-aux-Bois (Église de l'), 16, rue de Sèvres. Ancien couvent de religieuses de l'ordre de Citeaux, supprimé en 1790. L'église fut construite en 1718; on y remarque plusieurs tableaux de mérite.

Missions étrangères (Église des), rue du Bac, 120, fondée en 1603, et reconstruite en 1638. On y remarque plusieurs tableaux et statues.

Saint-Sulpice (Église), fondée en 1645, sur l'emplacement d'une ancienne chapelle. Sa construction, plusieurs fois interrompue, ne fut achevée que cent ans plus tard. Le portail, qui fait l'admiration des connaisseurs, est l'ouvrage de l'architecte Servandoni.

Cette église est très-riche d'ornements; on y remarque douze statues de Bouchardon représentant les douze apôtres; la chapelle de la Vierge, sculptée par Pigale; la coupole de cette chapelle est peinte à fresque, par Lemoine ; les statues de saint Jean et de saint Pierre, par Pradier ; une descente de croix, par Abel de Pujol ; les deux bénitiers placés à l'entrée de la nef, faits de coquilles énormes données à François Ier par la république de Venise. etc., etc.

Saint-Sulpice est la paroisse du 11e arrondissement.

Saint-Thomas-d'Acquin (Église de), située place de ce nom. C'est l'ancienne église du couvent des Jacobins réformés ; elle fut construite de 1683 à 1740. On y remarque les sculptures en bois qui se trouvent dans le chœur. C'est la paroisse du 10e arrondissement.

Halle-aux-Blés, rue de Viarmes. Elle sert à l'emmagasinage des grains destinés à l'approvisionnement de Paris. Construite en 1662, sur l'emplacement de l'hôtel de Soissons, bâti par ordre de Catherine de Médicis. De cet hôtel il reste une tour, élevée en 1572, et qui était l'observatoire astronomique de la reine.

La rotonde voûtée de la Halle n'a pas moins de 100 mètres de circonférence ; elle est percée de 28 arcades, dont 6 principales servent de passage et aboutissent à autant de rues. En 1802, par suite d'un incendie, la coupole, qui était en bois, fut rétablie en fer coulé et recouverte en lames de cuivre. Les greniers, établis au premier étage, peuvent contenir plus de 30 000 sacs de blés et farines, et sont constamment approvisionnés.

Hôpital de la Charité, rue des Saints-Pères, 45, et rue Jacob, 17. C'est l'ancienne maison principale des religieux de Saint-Jean-de-Dieu, qui se consacraient au service des malades ; ils administrèrent l'hôpital jusqu'à la révolution.

Il a la même destination que l'Hôtel-Dieu, et contient 600 lits.

Hôpital de la Clinique, place de l'École-de-Médecine, fondé par M. Orfila, et destiné à servir d'hôpital modèle; il n'a pas entièrement rempli son but. On y reçoit principalement les femmes en couches. Il contient 200 lits.

Place de la Concorde. Au centre de cette place, on jouit du plus beau coup d'œil : au nord, le ministère de la marine, dont l'architecture est des plus remarquables, la rue Royale, au bout de laquelle s'élève la superbe église de la Madeleine; au sud, le pont qui sert d'avenue à la chambre législative; à l'est, le jardin des Tuileries, au bout d'une longue allée de marronniers séculaires; à l'ouest, l'avenue des Champs-Élysées, présentant en perspective l'arc de triomphe de l'Étoile.

Huit pavillons servent de piédestaux à autant de statues assises, représentant, par leurs attributs, les villes de *Lyon, Marseille, Bordeaux, Rouen, Nantes, Lille, Strasbourg, Brest*.

Obélisque. Ce colossal monolithe, apporté d'Égypte en 1837, a été dressé sur la place de la Concorde par les soins de l'ingénieur Lebas. On évalue son poids à 250,000 kilog.

Pont des Arts. Communique du palais du Louvre au palais de l'Institut. Il fut construit en 1804 aux frais d'une compagnie. C'est le premier pont dont les arches aient été construites en fer. Il a 172 mètres de longueur sur 10 de largeur.

Pont du Carrousel. Conduit du quai du Louvre au quai Voltaire. Il est d'une remarquable élégance et d'une construction très-hardie. Il a été construit en 1834, sous la direction de l'ingénieur Polonceau. Il se compose de trois arches en fonte sur piles en pierres remplies intérieurement de charpentes.

Pont de la Concorde ou *Louis XVI*. Communique de la place de la Concorde à la Chambre des députés. Commencé en 1787, il fut terminé en 1790, par l'ingénieur Perronnet. Construit en partie avec les pierres provenant de la démolition de la Bastille. Ce pont est d'une grande solidité et très-élégant. Il a 150 mètres de longueur sur 12 de largeur.

Pont Neuf. Communique de la rue de la Monnaie à la rue Dauphine. Il fut commencé en 1578, et terminé en 1604. C'est, sans contredit, le pont le plus passant de Paris. Il est de la plus grande solidité, et a 333 mètres de longueur sur 27 de largeur. Au milieu du pont se trouve le terre-plein, qui était autrefois l'Ile-aux-Vaches. Sur ce terre-plein a été placée en 1818 la statue équestre, en bronze, de Henri IV. Elle remplaça celle qu'y avait fait élever Marie de Médicis, et qui avait été renversée en 1793.

Musée du Louvre. Il contient la plus riche collection d'objets d'arts, tableaux, sculptures et antiquités qui soit au monde. Il est divisé en quatre parties : la première est composée des sculptures anciennes et modernes; la seconde, des peintures dues aux grands maîtres des diverses écoles; on y compte plus de 1 250 tableaux; la troisième est formée par une immense collection de dessins renfermés dans la galerie d'été d'*Apollon*; enfin la quatrième comprend les antiquités grecques, romaines et égyptiennes qui occupent neuf salles de plain-pied. Toutes ces salles sont ornées de peintures allégoriques des premiers maîtres modernes.

16

Le Musée est ouvert au public, le dimanche, de 10 heures à 4 heures. Les étrangers y entrent tous les jours, sur la présentation de leur passe-port.

Chaque année les galeries du Louvre reçoivent les tableaux des peintres français vivants, et ces tableaux y restent exposés pendant deux mois.

Palais du Louvre. L'origine de ce palais n'est pas connue; ce n'est que sous Philippe-Auguste que l'on en entend parler. Il se composait alors de bâtiments qui n'offraient rien d'élégant ni de remarquable dans leur architecture, et au centre desquels se trouvait la fameuse tour du Louvre. Peu à peu ces bâtiments tombèrent en ruine, et François Ier fit élever à leur place la partie connue maintenant sous le nom de Vieux-Louvre, construite sur les dessins de Pierre Lescot, et ornée des sculptures de Jean Goujon.

Le Louvre, tel qu'on le voit aujourd'hui, fut continué sous Charles IX, Henri III, Henri IV, Louis XIII, Louis XIV, Louis XV, et enfin Napoléon.

C'est un des plus beaux, et peut-être le plus beau palais que l'on puisse admirer en Europe. Les bâtiments qui entourent la cour, et surtout la superbe colonnade, ouvrage de Claude Perrault, en font un monument d'une magnificence peu commune.

Sans parler des richesses artistiques qu'il contient et qui centuplent sa valeur, le Louvre est l'édifice le plus capable d'exciter la curiosité et de justifier l'admiration des étrangers.

Palais des Beaux-Arts, rue des Petits-Augustins. Bâti sur l'emplacement du couvent des Petits-Augustins, qui, après 1791, avait servi à renfermer les objets d'art enlevés aux églises et aux châteaux. Il fut commencé en 1820, et terminé seulement en 1839. Il est consacré à l'enseignement de la peinture, de la sculpture et de l'architecture. Sept professeurs de peinture, cinq de sculpture et cinq d'architecture sont chargés de présider aux études.

Des salles sont disposées pour l'exposition des ouvrages de peinture et de sculpture envoyés par les élèves de Rome; elles sont ouvertes au public les mardi, jeudi et dimanche, de midi à quatre heures.

Palais de la Légion-d'Honneur, rue de Lille, 70. Construit en 1786, par le prince de Salm-Salm; il fut acheté, en 1804, par Napoléon, qui le donna à l'ordre de la légion d'honneur.

Les bureaux de la chancellerie y sont établis, et sont ouverts au public tous les jours, de 2 heures à 4 heures.

On peut visiter l'édifice en s'adressant au concierge.

Pont Royal. Communique du quai Voltaire au quai des Tuileries. Construit en 1684, d'après les dessins de Mansart. Il est supporté par cinq arches semi-circulaires. Sa longueur est de 144 mètres, sa largeur de 17 mètres. De chaque côté, on a établi de larges trottoirs dallés en asphalte.

Palais-Royal. Construit en 1629, par le cardinal de Richelieu, sur l'emplacement des hôtels Mercœur et de Rambouillet, d'après les dessins de Le Mercier. En 1642, le cardinal en fit don à Louis XIII, qui le transmit à Louis XIV. Celui-ci le donna à son frère, sa vie durant, et ensuite en toute propriété à son neveu Philippe d'Orléans. Ce palais resta depuis dans cette famille.

Les galeries qui entourent le Palais-Royal, et surtout la galerie d'Orléans, sont le rendez-vous de tous les étrangers. Les boutiques qui les garnissent, les promeneurs qui les peuplent, en font un des lieux les plus agréables ; et sans sortir de ce splendide bazar, on peut trouver tout ce qui est utile et tout ce qui est agréable.

Le jardin sert aussi de promenade. Quant au palais lui-même, il est d'une très-belle construction ; les apparte-ments sont ornés de tableaux précieux des maîtres français et étrangers, rassemblés par le duc d'Orléans, maintenant roi des Français. Les étrangers sont admis à les visiter le dimanche, de 11 heures à 2 heures, sur billets délivrés par M. l'intendant général de la liste civile.

Palais des Thermes, 55, rue de la Harpe. Il fut, dit-on, construit par Constance Chlore, père de Constantin ; le fils de ce dernier, Julien l'Apostat, habita le palais des Thermes, et il y fut proclamé empereur. Ce palais était immense, et occupait tout l'emplacement compris entre la rue Saint-Jacques et la rue de la Harpe, depuis la rue du Foin jusqu'à la place Sorbonne. Ce n'est plus aujourd'hui que quelques ruines.

Les personnes qui veulent visiter les restes du palais des Thermes peuvent s'adresser au gardien.

Palais des Tuileries, place du Car-rousel, doit son nom au lieu où il est situé et où l'on fabriquait anciennement des tuiles. Catherine de Médicis acheta ce terrain, en 1564, et y fit construire, par Philibert Delorme, le palais que nous voyons aujourd'hui, augmenté sous Henri IV, Louis XIII et Louis XIV. C'est un des plus beaux palais de l'Eu-rope. Les ornements intérieurs sont d'une très-grande ri-chesse ; on y remarque des peintures et des sculptures dues aux plus illustres artistes français et étrangers. Une im-

mense cour précède le château ; elle est fermée par une
grille que Napoléon fit poser en 1806. A la principale entrée est placé un arc de triomphe surmonté d'un char
traîné par quatre chevaux en bronze exécutés par Bosio ;
ce groupe a remplacé les quatre chevaux antiques de la
place Saint-Marc, à Venise, qui nous ont été enlevés par les
alliés.

A l'ouest des Tuileries s'étend le jardin, dessiné en 1665,
par le célèbre Le Nôtre. Aucun jardin ne peut lui être
comparé, et pas un étranger ne néglige de le visiter. Il est
partout orné de statues magnifiques et de vases antiques
d'un très-beau travail. Quatre bassins, au centre desquels
jaillissent des jets d'eau, ajoutent encore aux charmes de
cette promenade. La longueur du jardin est de 750 mètres,
et sa largeur de 336.

Saint-Germain-l'Auxerrois, en face
de la colonnade du Louvre. La fondation
de cette église remonte au règne de Chilpéric, vers 580; elle fut pillée et ruinée
depuis par les Normands ; Robert la rebâtit en 990; le chœur en fut restauré et
la nef achevée en 1427 sous Charles VII ; de 1607 à 1623,
cette église a encore reçu de grands embellissements ; elle a
été restaurée en 1746. Dévastée après la révolution de 1830,
à l'occasion d'un service funèbre, elle a été restaurée de
nouveau et rendue au culte en 1838.

On admire à Saint-Germain-l'Auxerrois le portique et la
façade gothique.

Temple de l'Oratoire, rue Saint-Honoré. Cette église fut
élevée par le cardinal de Béruelle, de 1621 à 1630. L'architecture en est noble et belle. Le portail ne fut construit
qu'en 1745.

17.

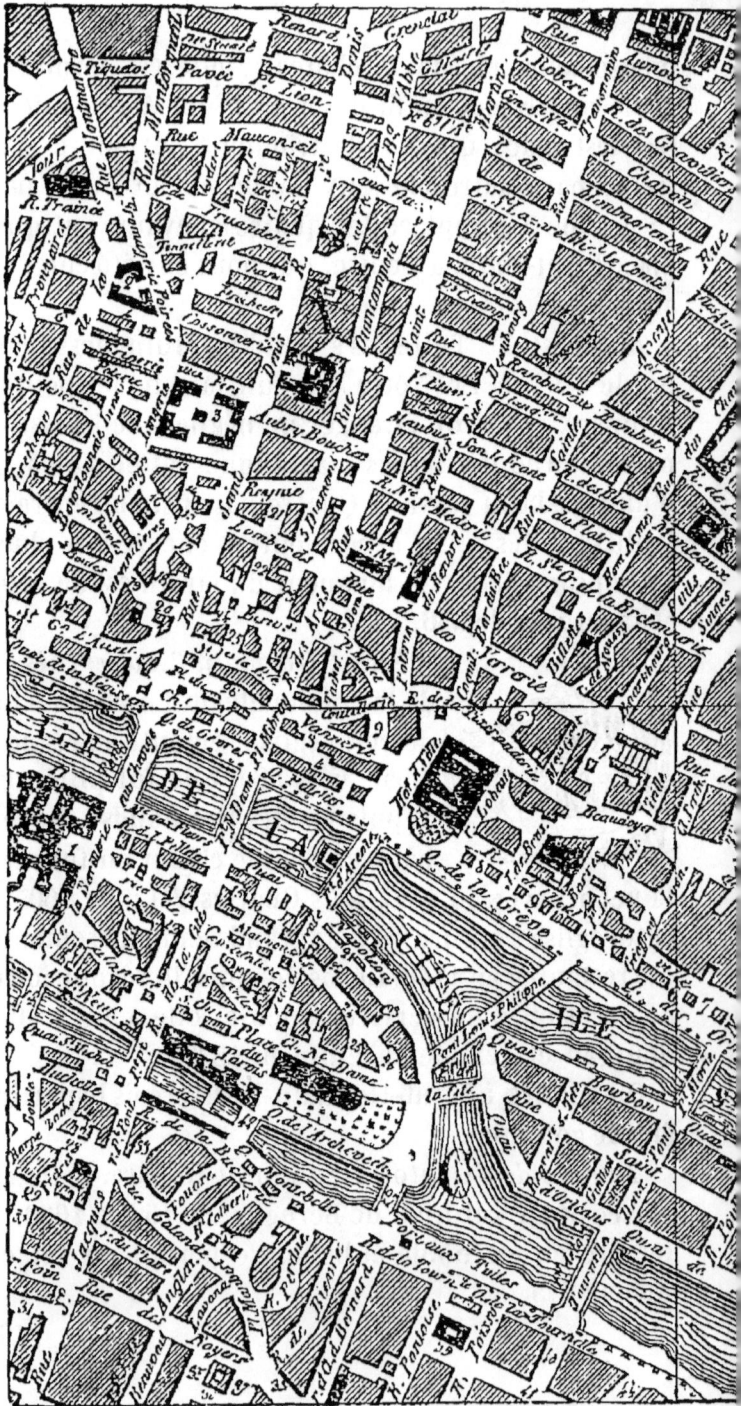

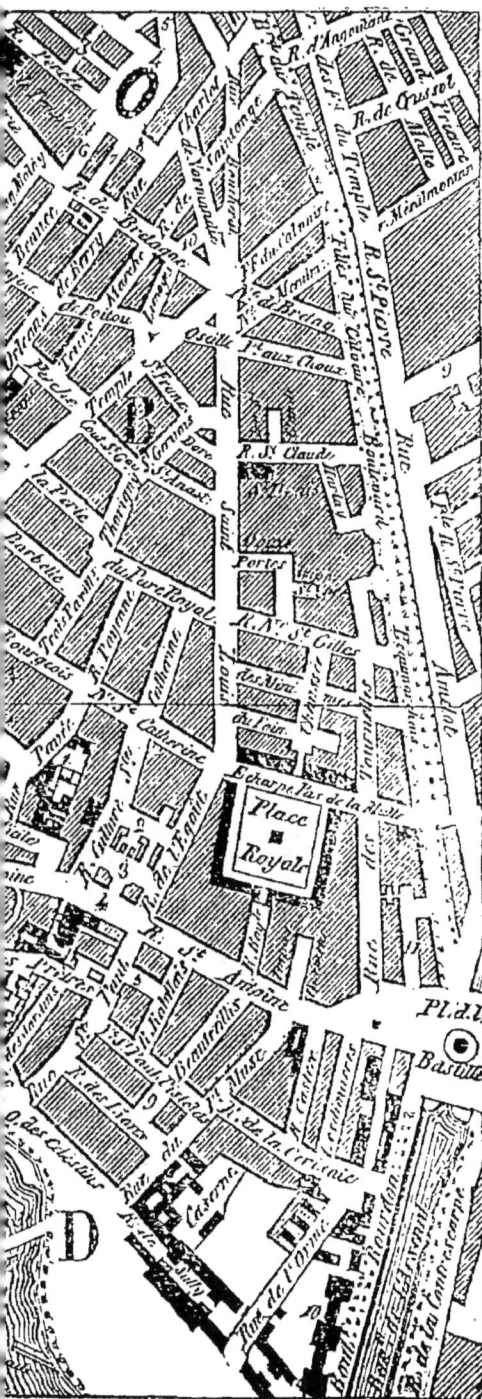

14. Aiguillerie, r. de
l' A.
Amelot, r. D.
Anastase, r. St- B.
Anglais, r. des C.
Angoulême, r. d' B.
Anjou, quai d' D
Anjou, r. d' B.
Antoine, r. St-
27 Archevêché, quai
de l' C.
42. Archevêché, pont
de l' C.
Arcis, r. des D.
Arcole, pont d' C.
Arcole, r. d' C.
Aubry - le - Boucher,
r. A.
Aumaire, r. A.
24. Avignon, r. d' A.
Avoie, r. Ste- A.

Barbette, r. B.
Bar-du-Bec, r. A.
Barillerie, r. de la C.
Barres, r. des C.
Barres-St-Paul, r des
D.
Bassin de l'Arsenal.D.
Bastille, pl. de la D.
Beauce, r. de D.
Beaudoyer, pl. D.
7. Beaujolais, r. B.
Beaumarchais, boul.
B. D.
Beautreillis, r. D.
Bernardins, cloître
des C.
Bernardins, r. des C.
Berry, r. de B.
10. Bertin-Poirée, r.
A.
Béthune, quai de D.
Bièvre, r. de C.
Billettes, r. des A.
4. Birague, place D.
Blancs-Manteaux, r.
des A. B.
Blancs - Manteaux ,
marché des A. B.
Bon, r. St- A.
Boucherat, r. B.
Bourbon, quai C.

Bourdon, boul. D.
Bourdonnais, r. des A.
Bourg-l'Abbé, r. A.
Bourtibourg, r. A.
50. Boutebrie, r. C.
Braque, r. de A. B.
Bretagne, r. de B.
Bretonvillers, r. D.
Bûcherie, r. de la C.

6. Caffarelli, r. B.
Calandre, r. de la C.
41. Cardinal-Lemoine, r. C.
55. Carmes, r. des C.
Castex, r. D.
Célestins, quai des D.
Cerisaie, r. de la D.
Change, pont au C.
26. Chanoinesse, r. C.
25. Chantres, r. des C.
Chapon, r. A. B.
Charlot, r. B.
Châtelet, pl. du A.
Chaume, r. du A. B.
Chaussée-des-Minimes, r. de la B. D.
19. Chevalier-du-Guet, r. du A.
Christophe, r. St- C.
Cimetière-St-Nicolas, r. du A.
Cinq-Diamants, r. des A.
Cité, r. de la C.
Cité, île de la C.
Cité, pont de la C.
Cloche-perche, r. D.
32. Cloître-St-Benoît, C.
22. Colombe, rue de la C.
Cloître-St-Merry, r. du A.
Cloître-St-Jacques, r. du C.
Claude, imp. St- B.

Claude, r. St- B.
Constantine, r. D.
Constantine, pont de D.
6. Contrat social, r. du A.
Contrescarpe, r. de la D.
15. Coq, r. du C.
Coquilles, r. des A.
Corderie-du-Temple, r. de la B.
4. Cordonnerie, r. de la A.
Cour Batave. A.
5. Courtalon, r. A.
Coutellerie, r. de la A. C.
Cossonnerie, r. de la A.
Croix-de-la-Bretonnerie, r. Ste-A. B.
Crussol, r. de B.
Culture-Ste-Catherine, r. B. D.
Cygne, r. du A.

Damiette, pont de D.
Denis, égl. St- A.
Denis, r. St- A.
Déchargeurs, r. des A.
Deux-Boules, r. des A.
Deux-Ponts, r. des C.
6. Deux-Portes, r. des C.
Doré, r. B.
Douze-Portes, r. des B.
43. Dupuytren, quai C.

Echarpe, r. de l' D.
Ecrivains, r. des A.
Enfants-Roug. marché des B.
Enfants-Rouges, r. des B.

Écouffes, pl. des D.
Egout, r. de l' D.
Eloy, r. St- A.
20. Ermites, r. des C.
8. Etoile, r. de l' D.
1. Eustache, égl. St- A.

Femme-sans-Tête, r. de la C.
43. Féronnerie, r. de la A.
Fers, r. aux A.
42. Fèves, r. aux C.
Figuier-St-Paul, r. du D.
Filles-du-Calvaire, boul. des B.
Filles-du-Calvaire, r. des B.
Foin, r. du C.
Foin-aux-Marais, r. du B.
1. Force, la D.
8. Forez, r. du B.
Fossés-du-Temple, r. des B.
44. Fossés-St-Bernard, r. des C.
Fouare, r. du C.
Fourcy, r. de D.
46. Fourreurs, r. des A.
François, r. St- B.
Francs-Bourgeois, r. des B.
François-d'Assise, égl.
Fromagerie, r. de la A.
Galande, r. C.
Geoffroy-Langevin, r. A.
Geoffroy-Lasnier, r. C. D.
9. Gérard-Bocquet, r. D.
Germain-l'Auxerrois r. St- A.

Gèvres, quai de C.
Gervais, hosp. St- B.
Gervais, r. St- B.
16. Glatigny, r. C.
20 Gosselin, r. A.
Grand-Chantier, r. du B.
Grand-Prieuré, r. du B.
5. Grande-Friperie, r. de la
Grand-Hurleur, r. du A.
Grande-Truanderie, r. de la A.
Gravilliers, r. des A. B.
Grenétat, r. A.
Grève, quai de la C.
10. Grenier d'abondance. D.
Grenier-St-Lazare, r. A.
Guémené, imp. D.
Guillaume, r. St- C.
18. Harangerie, r. de l' A.
Harpe, r. de la C.
15. Haut-Moulin, r. du C.
Homme-armé, r. de l' A.
Honoré, r. St- A.
11. Horloge, quai de l' C.
Hôtel-Colbert, r. de l' C.
Hôtel-de-Ville. C.
Hôtel-de-Ville, r. de l' C.
Huchette, r. de la C.
Imprimerie royale, B.
Jacques, r. St- C.
Jacques-la-Boucherie, r. St- A.

2. Jarente, r. D.
Jardins, r. des D.
Jean-de-Bresse, r. A.
Jean-de-Beauvais, r. St- C.
11. Jean-Beausire, r. D.
11. Jean-Lantier, r. A.
2. Jean-l'Epine, r. C.
Jean-Pain-Mollet, r. A.
Jean-Robert, r. A.
Jour, r. du A.
Jouy, r. de D.
Juifs, r. des D.
33. Julien-le-Pauvre, St- C.
Landry, r. St- C.
27. Lanterne, r. de la A.
Lavandières, r. des C.
Lavandières-Ste-Opportune, r. des A.
Lenoir, r. D.
Lesdiguières, r. D.
18. Licorne, r. de la C.
9. Limace, r. de la A.
Limoges, r. de B.
Lingerie, r. de la A.
Lions, r. des D.
Lobau, r. C.
Louis-au-Marais, r. St- B.
Louis, île St- C. D.
Louis-en-l'île, r. St- C. D.
Louis-Philippe, pont C.
Louis-Philippe, r. du pont C.
Malte, r. de B.
5. Mansard, r. D.
56. Marché, r. du C

Marché aux Fleurs, C.
Marché Neuf. C.
2. Marché aux Poirées, r. du A.
3. Marché des Innocents. A.
37. Marché Ste-Geneviève. C.
7. Marché St-Jean C.
5. Marché au Vieux Linge, B.
Marie, pont. D.
23. Marivaux, r. A.
Marie-Stuart, r. A.
24. Marmousets, r. des C.
Martin, r. St- A.
25. Massillon, r. C.
7. Masure, r. D.
31. Mathurins, r. des C.
Maubert, pl. C.
Maubuée, r. A.
Mauconseil, r. A.
Mauvais-Garçons, r. des C.
Mauvaises-Paroles, r. des
Mégisserie, quai de la A.
Ménilmontant, r. de B.
Merry, égl. St- A.
Michel-le-Comte, r. A.
14. Michel, pont St- C.
Michel, quai St- C.
Minimes, r. des B.
Molay, r. B.
Montebello, quai C.
Montmartre, r. A.
Montorgueil, r. A.
Mondétour, r. A.
Montmorency, r. de A. B.
15. Morgue, la C.
Moussy, r. de A.

18

Napoléon, quai. C.
Neuve-Bourg-Labbé, r. A.
Neuve-de-Bretagne, r. B.
Neuve-Ste-Catherine, r. D.
Neuve-St-Giles, r. B.
Neuve-de-Ménilmontant, r. B.
Neuve-St-Merry, r. A.
Neuve-St-Paul, r. D.
Nonandières, r. des D.
Normandie, r. de B.
Notre-Dame, cloître C.
Notre-Dame, église métrop. de C.
Notre-Dame, pont C.

12. Orfèvres, quai des A.
Orléans, quai d' C.
Orléans, r. d' B.
Orme, r. de l' B.
Ormes, quai des C. D.
3 Ormesson, r d' D.
Oseille, r. de l' B.
Ours, r. aux A.

4. Palais de Justice, C.
6. Paon, rue du D.
Paradis, r. de B.
Parc-Royal, r. du B.
29. Parcheminerie, r. de la C.
Parvis-Notre-Dame, pl. du C.
Pas-de-la-Mule, r. du D.
7. Passage Molière. A.
Pastourelle, r. B.
Pavée-St-Sauveur, r. A.
Paul, quai St- D.

Paul, r. St- D.
Pavée, r. D.
Fayenne, r. B.
Pelletier, quai. C.
Percée-du-Temple, r. B.
Percée-St-Antoine, r D.
Perche, r. du B.
Perdue, r. C.
10. Périgueux, r. B.
Perle, r. de la B.
19. Perpignan, r. C.
5. Petite-Corderie, r. de la B.
Petite-Friperie, r. de la A.
Petit-Lion-St-Sauveur, r. du A.
Petit-Musc, r. du D.
Petit Pont. C.
Petit-Pont. r. du C.
Petits-Champs, r. des A.
1. Phelippeaux, r. B.
Pierre, r. St-
Pistolets, r. des D.
Plâtre-St-Jacques, r. du C.
Planche-Mibray, r. C.
Plâtre-St-Avoye, r. du A.
8. Plumets, r. des C.
Poissy, r. de C.
Poirier, r. du A.
Poitou, r. de B.
Pont-aux-Choux, r. du B.
Pontoise, r. de C.
Poterie-des-Arcis, r. de la A.
Portefoin, r. B.
Poulletier, r. D.
Poterie-des-Halles, r. de la A.
Prêtres, r. des C.
Prêtres-St-Paul, r. des D.

Prêcheurs, r. des A.
4. Projetée, r. C.
Prouvaires, r. des A.
Puits-des-Bl-Manteaux, r. du A. B.

Quatre-Fils, r. des B.
Quincampoix, r. A.

Rabelais, r. D.
Rambuteau, r. A.
Regrattière, r. C.
Renard-St-Merry, r. du A.
Renard-St-Sauveur, r. du A.
Reynie, r. de la A
Roi-de-Sicile, r. du D.
Rosiers, r. des B. D.
4. Rotonde, r. de la B.
Royale, pl. D.
Royale, r. D.

Saintonge, r. de B.
Salle-au-Comte, r. A.
25 Savonnerie, r. de la A.
9. Sébastien, r. St- B.
28. Séverin, r. St- C.
Simon-le-Franc, r.
Singes, rue des B.
Sourdis, ruelle de A.
Sully, r. D.

17. Tabletterie, r. de la A.
Tacherie, r. de la A.
4. Tannerie, rue de la C.
2 Temple, le B.
Temple, boul. du B.
Temple, r. du B.
3. Teinturiers, r. des C.
Tiquetonne, r. A.
Tirechappe, r. A.
Tiron, r. D.

Tixeranderie, r. de la A. C.

Thorigny, r. de B.

Tonnellerie, r. de la A.

Tournelles, r. des B. D.

Tournelle, pont de la C.

Tournelle, quai de la C.

Touraine, r. de B.

Traînée, r. A.

Trois-Cannettes, r. des C.

21. Trois Maures, r. des A. et 9 C.

Trois Pavillons, r. des B.

34. Trois-Portes, r. des C.

Tuiles, port aux C.

21. Ursins, r. des C.

Vannerie, r. de la C,

8. Venise, r. de A.

Verdelet, r. A.

Verrerie, r. de la A.

Vertus, r. des A.

38. Victor, r. St- C.

Vieilles - Audriettes, r. des B.

Vieille-Bouclerie, r. de la C.

Vieilles-Etuves , r. des A.

22. Vieille-Monnaie. r. de la C

Vieille-du-Temple , r. B.

26 Vieille place aux Veaux, A.

Zacharie, r. C.

PRINCIPAUX MONUMENTS.

Bibliothèque de l'Arsenal, rue de Sully. Possède plusieurs collections historiques et des livres curieux qu'on ne trouve point ailleurs. Cette bibliothèque appartenait à M. le marquis de Paulusy, qui la céda, en 1781, au comte d'Artois. Elle se compose aujourd'hui de 180 000 volumes, et 5 à 6 000 manuscrits.

Ouverte tous les jours, de 10 à 3 heures, excepté durant les vacances, qui ont lieu du 15 au 31 octobre.

Colonne de la place du Châtelet (fontaine du Palmier), érigée en 1807, en l'honneur de Napoléon. Elle représente un palmier, surmonté d'une statue de la Renommée. Le fût de la colonne, haut de 17 mètres, est partagé par des anneaux en bronze où sont inscrits les noms de plusieurs victoires remportées par les troupes impériales. Quatre statues de Bosio, représentant la Loi, la Force, la Prudence et la Vigilance, sont placés sur le piédestal. L'eau qui jaillit de la fontaine est lancée, à chaque angle, par une corne d'abondance, et tombe dans un bassin de 7 mètres de diamètre.

Église Saint-Médard, rue Mouffetard. Sa construction remonte à 1163. Elle fut réparée et agrandie à différentes époques, notamment en 1784, par Petit-Radel. Elle n'offre rien de remarquable, si ce n'est qu'elle renferme le tombeau du diacre Pâris, mort en 1727, et qui donna lieu à la réformation de la secte des convulsionnaires. Le père Nicole et le célèbre avocat Olivier Patru y sont également enterrés.

Église Saint-Méry, rue Saint-Martin, 4. Elle fut construite en 1520, sur l'emplacement d'une ancienne chapelle qui subsistait depuis le sixième siècle, et dans laquelle fut transporté, au neuvième, le corps de saint Méry ou Médéric. Elle est d'une élégante et riche architecture dans le style gothique. La châsse de saint Méry est, à ce qu'on assure, renfermée sous le maître-autel, qui ressemble à un tombeau antique. Les chapelles possèdent de beaux vitraux et plusieurs tableaux de peintres célèbres.

Église Notre-Dame. Commencée en 1160, sous Louis le Jeune. Bâtie sur l'emplacement d'un temple consacré à Jupiter, Vulcain, Castor et Pollux, temple qui a été remplacé ensuite par deux anciennes églises : Saint-Étienne, construite sous Valentinien, vers l'an 375, et une autre dédiée par Childebert à la sainte Vierge, en 522. Il paraît que cette superbe basilique ne fut terminée qu'en 1420. En sorte qu'on y aurait travaillé près de trois cents ans.

L'édifice, bâti sur pilotis, a la forme d'une croix latine; sa longueur extérieure est de 138 mètres; son intérieur est d'une rare magnificence. On admire en entrant la hardiesse de ses voûtes, l'ensemble de ses trois nefs divisées par deux rangs de piliers et d'arcades en ogives, et surmontées à droite et à gauche de longues galeries ornées de colonnettes. Au-dessus de la porte principale est un superbe buffet d'orgues de 15 mètres de hauteur sur 12 de largeur. Le chœur, qui a 42 mètres de longueur sur 15 de largeur, est pavé de marbre; il est entouré de riches ornements et de belles sculptures. La grille qui sépare le chœur de la nef est un chef-d'œuvre de serrurerie. Derrière le maître-autel avec son riche tabernacle et ses précieux bas-reliefs, on remarque la descente de croix due au ciseau de Coustou. Les tableaux qui entourent le chœur sont des plus grands maîtres, et la belle statue de la Vierge des Carmes, sculptée par le Lombard, est placée dans l'ancienne chapelle de la Vierge.

La façade principale, richement décorée, est percée de trois grandes portes; elle est terminée par deux grosses tours carrées qui ont 78 mètres de hauteur. On y monte par un escalier de 320 marches placé dans la tour septentrionale. Dans la tour du sud, on voit le fameux bourdon fondu en 1685, et qui pèse 16 000 kilogrammes. Le battant pèse 322 kilogrammes; il faut les efforts réunis de seize hommes vigoureux pour lui donner son élan. Le bourdon de Notre-Dame a eu pour parrain et marraine Louis XIV et la reine son épouse; il a reçu les noms d'Emmanuel-Louise-Thérèse. La charpente du comble est composée d'un grand nombre de pièces de bois de châtaignier, et a reçu, par cette raison, le nom de *la forêt*. Elle a 10 mètres de hauteur, et est recouverte de 1 336 lames de plomb pesant ensemble 210 000 kilogrammes.

On peut monter dans les tours moyennant une légère rétribution. De leur sommet, l'œil plane sur le cours de la Seine et sur tout Paris.

19

Le *pont Notre-Dame* communique de la Cité à la rue Planche-Mibray. Il fut bâti en 1412, s'écroula en 1499. Sa reconstruction dura de cette époque à 1512. Il était couvert de maisons qui furent détruites en 1787. On y remarque une machine hydraulique qui fournit de l'eau à plusieurs quartiers de Paris. Ce pont, d'une très-grande solidité, se compose de cinq arches; il a 121 mètres de longueur sur 16 de largeur. C'est sur le pont Notre-Dame qu'en juin 1590, l'infanterie ecclésiastique de la Ligue fut passée en revue devant le légat du pape.

Fontaine des Innocents, marché des Innocents, érigée en 1551 sur les dessins de Pierre Lescot. Elle était autrefois au coin de la rue Saint-Denis et de la rue aux Fers. En 1785, elle fut transportée au milieu de la place, sans que les admirables bas-reliefs de Jean Goujon qui la décorent souffrissent la plus légère atteinte. Ce beau monument s'élève à une hauteur totale de 15 mètres.

Hôtel-Dieu, Parvis-Notre-Dame, fondé en 656, par saint Landry. Philippe-Auguste, saint Louis, la plupart des rois de France, des seigneurs et de riches particuliers, contribuèrent à l'agrandissement et aux améliorations administratives de cet établissement.

L'édifice est composé de vastes bâtiments séparés par un bras de la Seine, et qui contiennent environ 1 200 lits. Il y a le quartier des hommes et le quartier des femmes, ayant chacun sa portion de jardin.

On traite à l'Hôtel-Dieu les malades et les blessés, à l'exclusion des enfants, des femmes en couches, des incurables, des fous, etc.

Le public est admis à visiter l'établissement le jeudi et

le dimanche, d'une heure à trois, sur une permission déli-
vrée par l'agent de surveillance.

Hôtel-de-Ville, place de Grève;
commencé en 1533, et terminé en 1605,
sous Henri IV ; il fut bâti sur l'emplacement de la *maison aux piliers*, où
s'assemblaient le prévôt et les éche-
vins des marchands. L'ancien hôtel de
ville a bien changé depuis 1837, et les immenses travaux
d'agrandissement qui ont été exécutés depuis cette époque
en font un des monuments les plus importants et les plus
remarquables de Paris.

L'édifice forme un parallélogramme régulier, des pavillons terminent les angles; les quatre faces donnent : à
l'ouest, sur la place de Grève ; à l'est, sur la place du Tour-
niquet-Saint-Jean, qui a disparu ; au midi, sur le quai de la
Grève; et au nord, sur la rue de la Tixeranderie. L'architecture est dans le style de la renaissance.

L'hôtel-de-ville renferme les bureaux de la préfecture, les
appartements du préfet, et d'immenses salles de réception dé-
corées avec un grand luxe, pour les fêtes de la ville et pour
les séances du conseil général et du conseil de préfecture.

Imprimerie royale, rue du Temple, 99. Fondée par
François Ier, elle fut d'abord établie au Louvre, puis transférée à l'hôtel de Toulouse, sur l'emplacement qu'occupe
maintenant la banque de France, puis enfin, en 1809, dans
le local où elle est actuellement. C'est l'ancien hôtel du
cardinal de Rohan, construit en 1712, par Armand Gaston.

L'imprimerie royale est la plus riche de l'Europe en ca-
ractères de toutes les langues, et surtout en lettres orien-
tales. Elle est principalement consacrée à l'impression des
actes du gouvernement et aux imprimés des ministères.

Le public est admis à visiter cet établissement les jeudis de une heure à 3 heures, sur l'autorisation du directeur.

Place Royale, située au Marais, érigée par Henri IV, en 1612, sur l'emplacement du fameux château des Tournelles, qu'habitèrent Louis XII et François Ier, et que fit abattre Catherine de Médicis.

Cette place forme un carré dont chaque face a 144 mètres de longueur. Elle est entourée d'arcades et fermée d'une grille en fer. Des allées d'arbres touffus et des tapis de gazon, avec bassin à jet d'eau à chacun des quatre angles, en font une promenade agréable. Au milieu de la place est une statue équestre, en marbre, de Louis XIII. Cette statue a remplacé, en 1829, celle du même roi, qui avait été élevée en 1639 et abattue en 1792. Sous l'empire, une fontaine avaitté substituée à la statue.

Place de la Bastille. Colonne de Juillet. La place de la Bastille occupe l'emplacement de l'ancienne et fameuse forteresse érigée en 1370 et détruite en 1789. Napoléon ordonna qu'une fontaine monumentale, sous la forme d'un éléphant colossal, serait construite au milieu de cette place. En 1840, une colonne commémorative de la révolution de Juillet y a été élevée. Elle est toute en bronze, avec un piédestal de marbre blanc, et surmontée d'une statue de la Liberté en bronze doré. Le chapiteau, fondu d'un seul jet, pèse, à lui seul, 15 000 kilogrammes, et le poids total du bronze employé dans ce monument est de 179 500 kilogrammes. La hauteur de la colonne est de 50 mètres. Dans le fût est pratiqué un escalier de 210 marches; dans les caveaux sont nhumés les restes des victimes des Trois Jours.

Palais de Justice, autrefois Palais Marchand, est le plus ancien monument de Paris. Fut habité par les premiers rois de la troisième race. Saint-Louis fit construire la *Sainte-Chapelle* et la chambre où se tient aujourd'hui la cour de cassation. Les bâtiments qui encombraient la rue et la place de la Barillerie ont disparu, et devant la façade est une cour spacieuse fermée par une belle grille. Un grand et superbe escalier conduit à la salle des Pas-Perdus, la plus vaste qui existe en France. Elle a 74 mètres de longueur sur 28 de largeur.

Le Palais de Justice est occupé par les cours et tribunaux.

Pont d'Arcole. Communique du quai de la Cité à la place de Grève. Construit en 1828, il se nomma d'abord pont de la Grève. En 1830, il prit le nom d'un jeune homme qui fut tué en voulant imiter la bravoure de Napoléon à Arcole.

Pont au Change. Communique de la place du Châtelet au Palais-de-Justice. C'est le plus ancien pont de Paris, ou plutôt il est bâti sur l'emplacement du plus ancien pont, car, détruit et rebâti à plusieurs reprises, sa dernière construction date de 1647. Ce pont tire son nom des changeurs de monnaies qui habitaient, les maisons dont il était chargé, depuis 1141 jusqu'en 1788. Il se compose de sept arches, et a 123 mètres de longueur sur 32 de largeur.

Pont Marie. Communique du quai des Ormes à l'île Saint-Louis. Il a environ 45 mètres de longueur sur 14 de largeur. Construit de 1614 à 1635, il fut couvert de maisons jusqu'en 1788. Il se compose de cinq arches cintrées.

20

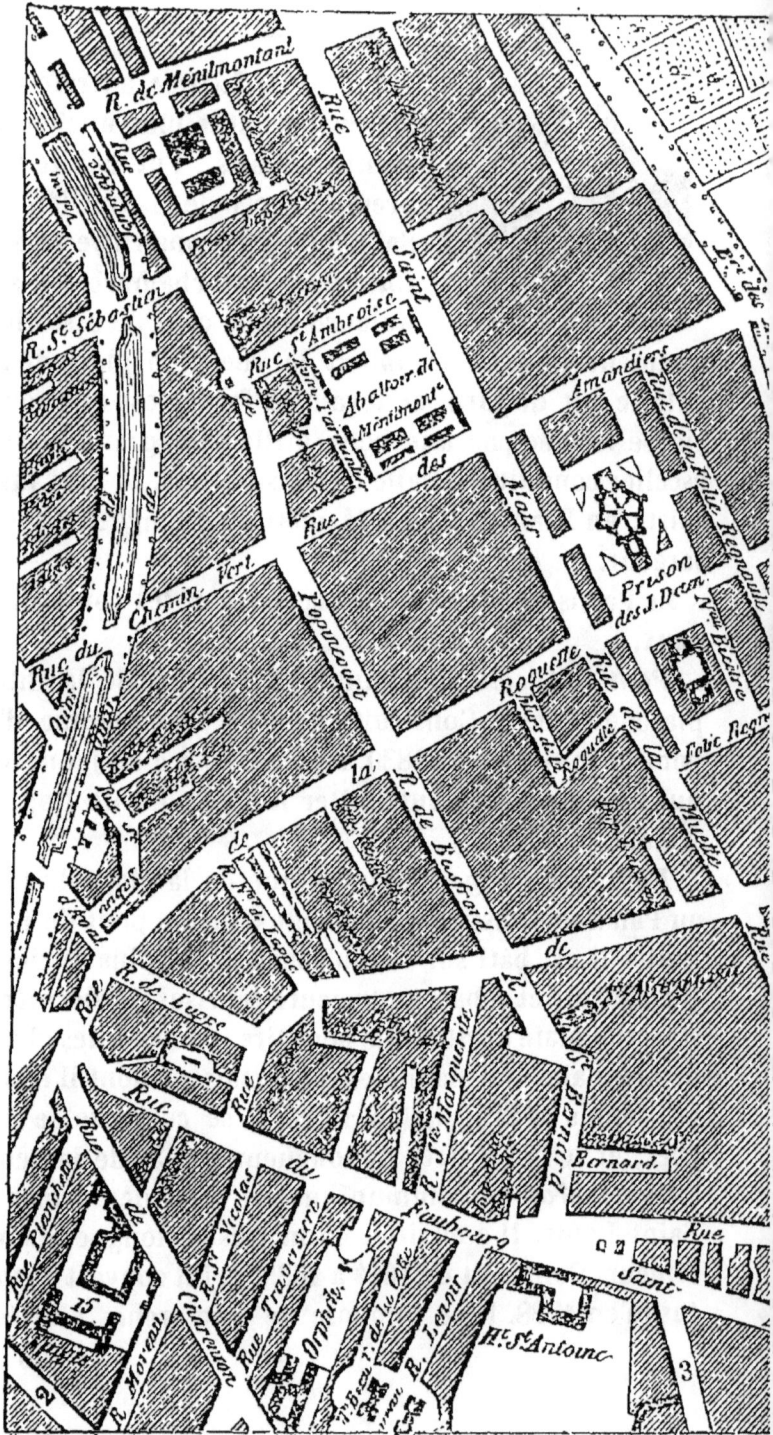

MENILMONTANT

MONT LOUIS

Cimetière du Père la Chaise

Bᵉ de Fontarabie

Fontarabie

Bᵈ de Charonne

Bᵈ Mesnil

Montreuil

Charonne

Lagny

PLACE du TRONE

Triomphe

Marché Popincourt.
Montreuil, barr. de
Marguerite, église Ste-
Marguerite, r. Ste
Main-d'Or, cour de la
Maur, r St-
Ménilmontant.
Ménilmontant, abatt.
Ménilmontant, imp. de
Ménilmontant, r. de
Mont-Louis.
Montreuil, r. de
Moreau, r.
Mortagne, imp.
Muette, r. de la

Murs-Roquette, r. des
Nicolas, r. St-
Ormeaux, r. des
Ormes, r. des
Orphelins, hosp. des
Parmentier, aven. de
Pelée, ruelle
Planchette, r. de la
Popincourt, r. de
Quinze-Vingts, hosp. des

Rats, barr. des
Reuilly, r. de
Roquette, imp. de la
Roquette, pris. de la
Roquette, r. de la
Sabin, imp. St-
Sabin, ruelle St-
Sébastien, imp. St-
Sébastien, r. St-
Terres-Fortes, r. des
Traversière. r.
Triomphes.
Trône, pl. du
Valmy, quai

PRINCIPAUX MONUMENTS.

Ambroise (Église Saint-), située rue Popincourt et rue Saint-Ambroise ; bâtie en 1639 pour les Annonciades du Saint-Esprit, sécularisées en 1782. Leur couvent fut alors occupé par une manufacture, et l'église, réédifiée en 1802, est maintenant une succursale de la paroisse Sainte-Marguerite. Elle renferme plusieurs beaux tableaux de nos grands maîtres.

Antoine (Hôpital Saint-), faubourg Saint-Antoine, 206 et 208. C'était autrefois une maison religieuse nommée l'abbaye Saint-Antoine, fondée en 1198 par Louis VIII à l'occasion de la naissance de saint Louis, et destinée aux filles repenties. Cette communauté fut dispersée en 1790, et l'abbaye est devenue l'hôpital Saint-Antoine. Cet établissement contient 250 lits.

Quinze-Vingts (Hospice des), rue de Charenton, 38, dans l'ancien hôtel des mousquetaires noirs, et anciennement placé au lieu où se sont élevées depuis les maisons des rues de Valois et de Rohan. Cet hospice fut fondé pa

saint Louis en 1254, qui le destina, comme il l'est encore aujourd'hui, à recevoir 300 (*quinze-vingts*) aveugles
indigents; ce nombre s'est depuis augmenté, et les 300 pen-
sionnaires en question forment ce qu'on appelle la
première classe; ils reçoivent trente-trois centimes pa
jour; 120 autres sont encore admis et forment la seconde
classe; enfin, quelques-uns venant des provinces y sont
en outre reçus pour cause de cécité absolue.

Cimetière du Père-Lachaise, situé à
l'est de Paris, près de la barrière des
Amandiers. Ouvert le 21 mai 1804,
en vertu d'un décret qui renouvelait la
défense, déjà formulée en 1792 par
l'assemblée législative, d'enterrer les
morts dans l'intérieur des villes ou dans les églises.

Le Père-Lachaise est le plus grand des quatre cimetières
de Paris; il contient aujourd'hui plus de 50 000 tombes,
dont un grand nombre sont remarquables par leur architecture et le luxe des sculptures qui les décorent. Le père
Lachaise, confesseur de Louis XIV, habitait une maison
située sur l'emplacement du cimetière.

Ouvert tous les jours depuis neuf heures du matin jusqu'à
la nuit.

Roquette (Prison de la), située près le cimetière du Père-
Lachaise. Elle est de construction récente, et destinée à
recevoir les condamnés aux travaux forcés ou à la mort. La
maison est divisée en cellules, et le système d'isolement y est
mis en pratique: trois cellules particulières sont destinées
aux condamnés à mort. Cette prison, qui a l'aspect d'un
château-fort des temps féodaux, peut contenir environ
300 détenus.

24

Sablonce

Sèvres

de

Rue

Vau

de

Rue

V A U G I R A

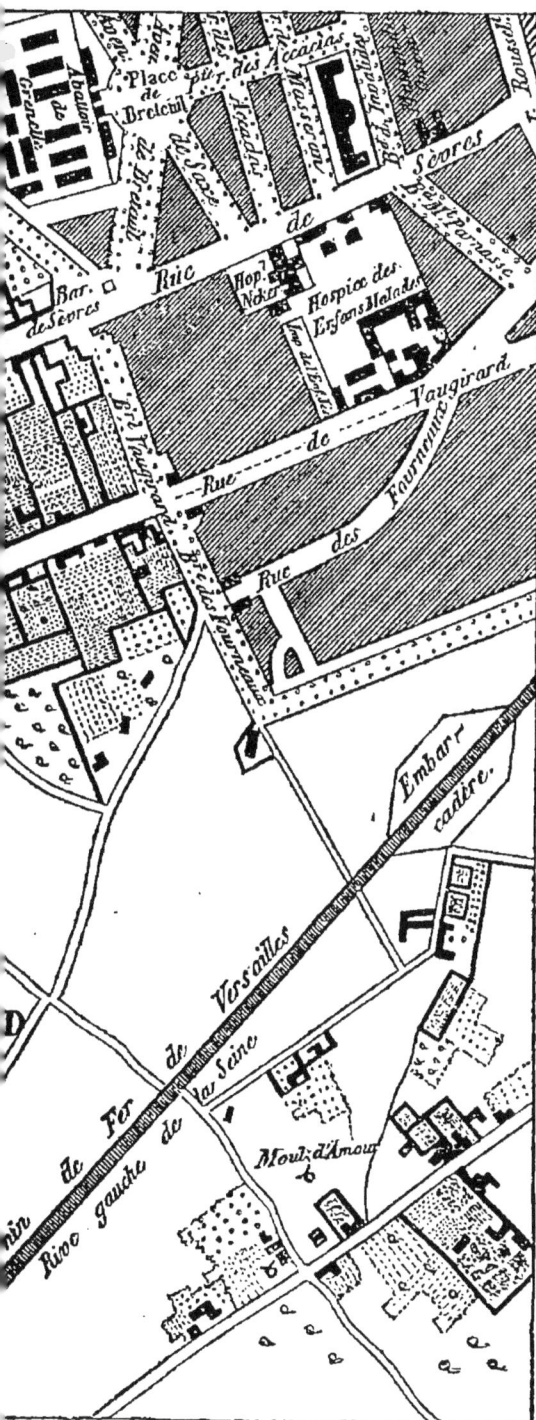

Abattoir de Grenelle.
Acacias. r. des
Acacias, barr. des

Bellart. r.
Breteuil, pl. de
Breteuil, aven. de

Chemin de fer de
Versailles.

Enfant-Jésus, imp.
de l'
Enfants malades, hô-
pital des

Fourneaux, barr. des
Fourneaux, r. des

Invalides, boulev. des

Masseran, r. de
Montparnasse, boulev
du

Necker, hôpital

Oiseaux, maison des

Paillassons, barr. des
Paillassons.

Rousselet, r.

Saxe, aven. de
Sèvres, barr. de
Sèvres, r. de

Vaugirard, barr. de
Vaugirard, r. de

PRINCIPAUX MONUMENTS.

Abattoir et *puits de Grenelle*, barrière de Sèvres. Bâti en 1710, sous la direction de M. Gisors, architecte. C'est dans son enceinte qu'on a creusé dernièrement le puits artésien de Grenelle; les travaux de ce puits ont été dirigés par MM. Mulot père et fils.

Enfants malades (Hôpital des), rue de Sèvres; anciennement une communauté fondée par le curé de Saint-Sulpice, aidé de Marie Letzinska, en faveur de 30 jeunes filles de condition. C'est maintenant un hôpital pour les enfants; ils y sont admis au-dessous de quinze ans. Cet hôpital peut contenir plus de 600 malades.

Necker (Hôpital), rue de Sèvres, fondé en 1778 par madame Necker, épouse du contrôleur général des finances. Il a été bâti sur l'emplacement du couvent des Bénédictines de Notre-Dame de Liesse; il peut contenir environ 150 malades.

Vaugirard est l'un des villages les plus grands et les plus étendus du département de la Seine. C'est en quelque sorte une continuation du faubourg Saint-Germain. Aussi, le dimanche et les jours de fête, est-il fréquenté de préférence par cette classe laborieuse des habitants de Paris qui sont occupés toute la semaine de travaux durs et pénibles.

On remarque à Vaugirard l'hospice fondé par la charité de M. Lenoir, alors lieutenant de police, pour le traitement des enfants qui venaient au monde avec la syphilis. Cet établissement est aujourd'hui une succursale de l'un des hospices de Paris, et sert en même temps de dépôt de mendicité.

Le territoire de la commune, qui consiste en une vaste

plaine, est livré à la petite culture et au jardinage. Une moitié des habitants s'occupe spécialement de la culture des légumes, l'autre moitié se livre à l'éducation des vaches laitières, et les femmes viennent chaque matin dans les marchés de Paris, vendre les divers produits.

Non loin de Vaugirard est le village d'*Issy*, placé dans une situation charmante, sur une petite colline, dont la pente insensible s'étend jusqu'à la rive gauche de la Seine. Ce village tire son nom de la déesse Isis, qui eut un temple en ce lieu, du temps du paganisme. Les rois de la première et de la deuxième race y possédaient des maisons de plaisance. Childebert en fit don à l'abbaye de Saint-Magloire. Il y a encore sur la hauteur une maison que l'on croit avoir été occupée par ce roi et que l'on appelle *maison de Childebert*.

On remarque également à Issy la maison où s'est réfugiée Marguerite de Valois, lorsque la peste dévastait Paris, en 1605; la maison du seigneur de la Bazinière, l'homme le plus riche de son temps, et une ancienne abbaye de bénédictins.

22

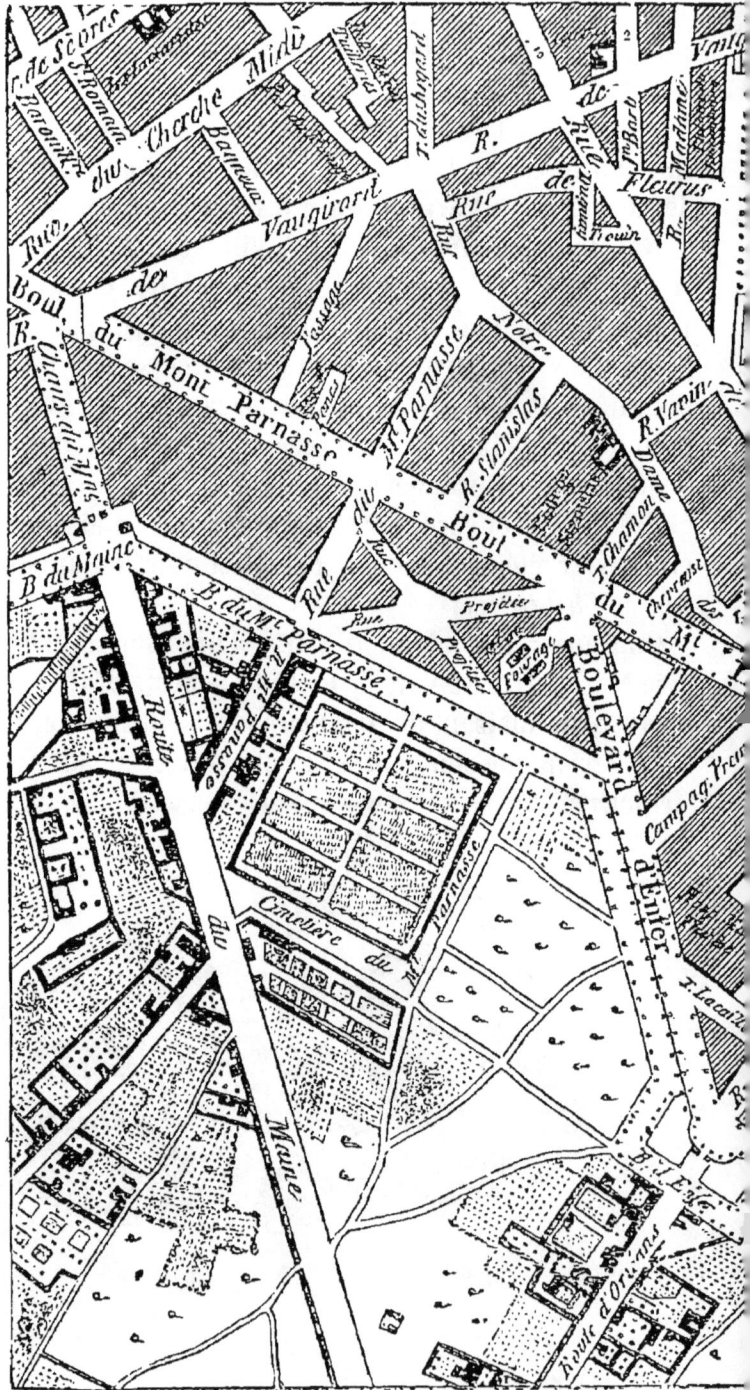

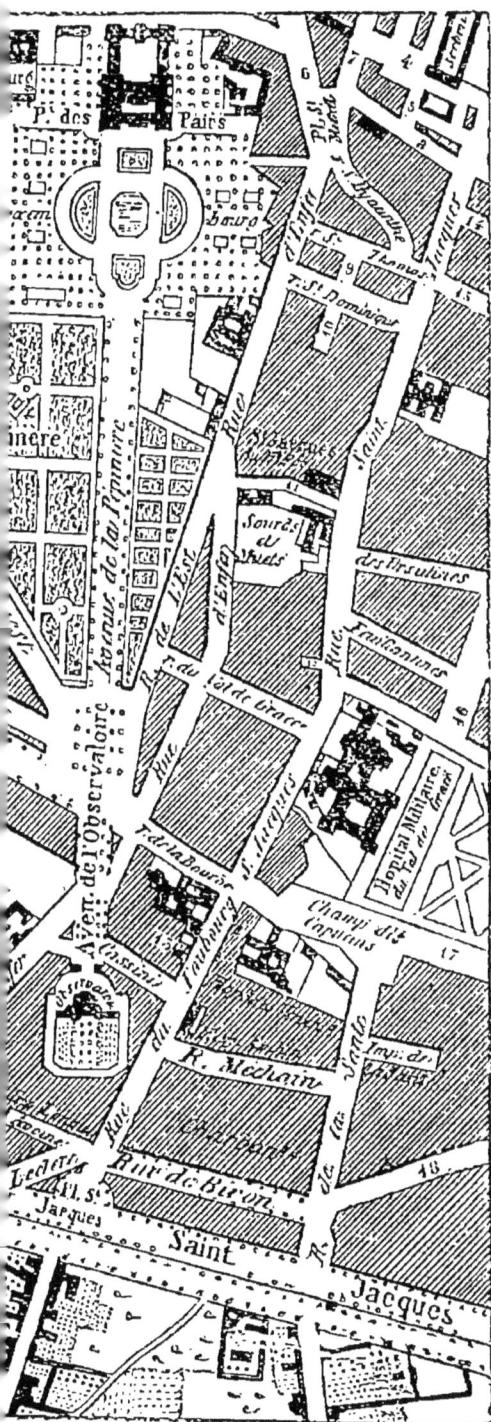

3. Assas, r. d'

Bagueux, r.
Barouillère, r.
Biron, r.
Bourbe, r. de la
17. Bourguignons.

Campagne - Pre-
  mière, r.
12. Carmélites, imp.
  des
Carmes, couvent des
Caserne du Luxem-
  bourg.
2. Cassette, r.
10. Catherine, r. Ste-
Cassini, r.
Champ des Capucins.
Charbonnière.
Chaumière, r. de la
  Grande-
Cherche-Midi, r. du
Chevreuse, r.
5. Cluny, r. de
Cochin, hospice

11. Deux-Eglises, r.
  des
10. Dominique, imp.
  St-
Dominique. r. St-
Duguay-Trouin, r.

Enfants - Trouvés,
  hospice des
Enfer, barr. d'
Enfer, boulev. d'
Enfer, r. d'
Est, r. de l'

Feuillantines, r. des
Fleurus, r. de
15. Fossés-Saint-Jac-
  ques, r. des
16. Francs-Bourgeois,
  r. des

8. Grès, r. des

7. Harpe, r. de la
Hyacinthe, r. Ste-

Jacques, barr. St-
Jacques - du - Haut-
Pas, église St-
Jacques, boulev. St-
Jacques, pl. St-
Jacques, r. du Faub.-
St-
Jean-Bart, r.

Lacaille, r.
Lazaristes, les
Laurette, r.
Leclerc, r.
Longue-Avoine, imp.
Luxembourg, palais
du
Madame, r.
Maine, barr. du
Maine, chaussée du
Maine, route du
Manége, pass. du
Marché aux fourra-
ges.
Marie-Thérèse, hosp.
13. Maternité, la,

maison d'accou-
chement.
Méchin, r.
Michel, pl. St-
Midi, hôpital du
Montparnasse, bar du
Montparnasse, cime-
tière du
Montparnasse, imp.
du
Montparnasse, r. du
Marionettes, imp. des

Notre - Dame - des -
Champs, r.

Observatoire.
Observatoire, aven.
de l'
Orléans, route d'
Ouest, r. de l'
48. Oursine, r. de l'

Pairs, palais des
Pôt-de-Fer, r. du

Regard, r. du
Romain, r. St-

Santé, imp. de la
Sèvres, r. de
4. Sorbonne, pl.
Sourds - et - Muets,
hosp. des
14. Soufflot, r.
Stanislas, r.
Stanislas, collége

Thomas, r. St-

16. Ulm, r. d'
Ursulines, r. des

Val-de-Grâce, hosp.
du
Val-de-Grâce, r. du
Vavin. r.
Vaugirard, r. de
Vieilles-Huilleries, r.
des
Visitation.

PRINCIPAUX MONUMENTS.

Saint-Jacques-du-Haut-Pas (Église), rue Saint-Jacques, était au quatorzième siècle une chapelle dépendant de l'hôpital du *Haut-Pas*. Érigée en succursale de Saint-Médard en 1566, l'église fut rebâtie en 1630, et terminée seulement en 1684. Elle sert de deuxième succursale à Saint-Médard, paroisse du douzième arrondissement.

Luxembourg (Palais du), rue de Vaugirard, en face de la rue de Tournon. Ce n'était d'abord qu'une maison avec jardin, qu'acheta le duc d'Épinay-Luxembourg; il y ajouta diverses pièces de terres et vendit le tout à Marie de Médicis, qui, ayant encore acheté d'autres terrains, fit construire le palais du Luxembourg, d'après les dessins de Desbrosses, sur le modèle du palais Pitti à Florence. Il fut achevé en 1620. Depuis il a appartenu à différents propriétaires; enfin c'est aujourd'hui le palais des Pairs.

Observatoire, rue Cassini, 1, en face le jardin du Luxembourg. Commencé en 1667 par ordre de Louis XIV, et terminé en 1672. Sa forme est un rectangle dont les quatre faces correspondent aux quatre points cardinaux. Au centre de l'édifice se trouve une grande salle sur le pavé de laquelle est tracé le méridien de Paris, qui coupe l'Observatoire en deux parties égales. Cet établissement est destiné aux observations astronomiques et physiques.

Ouvert tous les jours, excepté le dimanche, de neuf à quatre heures.

Val-de-Grâce (Hôpital militaire du), rue Saint-Jacques, 277. Ancien couvent des Bénédictines du Val-de-Grâce, fondé en 1734 par Anne d'Autriche; l'église, commencée par Mansard, fut continuée par Lemercier et autres architectes obscurs. Le monastère, supprimé en 1790, servit de magasin central des hôpitaux militaires, puis d'hôpital. Il peut contenir environ 1 500 malades.

Sorbonne, place et rue Sorbonne, sur l'emplacement du collège fondé en 1253 par Robert, dit de Sorbon, chapelain de saint Louis. Le cardinal de Richelieu fit reconstruire cet édifice de 1629 à 1659, et son tombeau y fut placé en 1694. On y a réuni les facultés de théologie, des sciences et des lettres, qui y tiennent leurs cours.

23

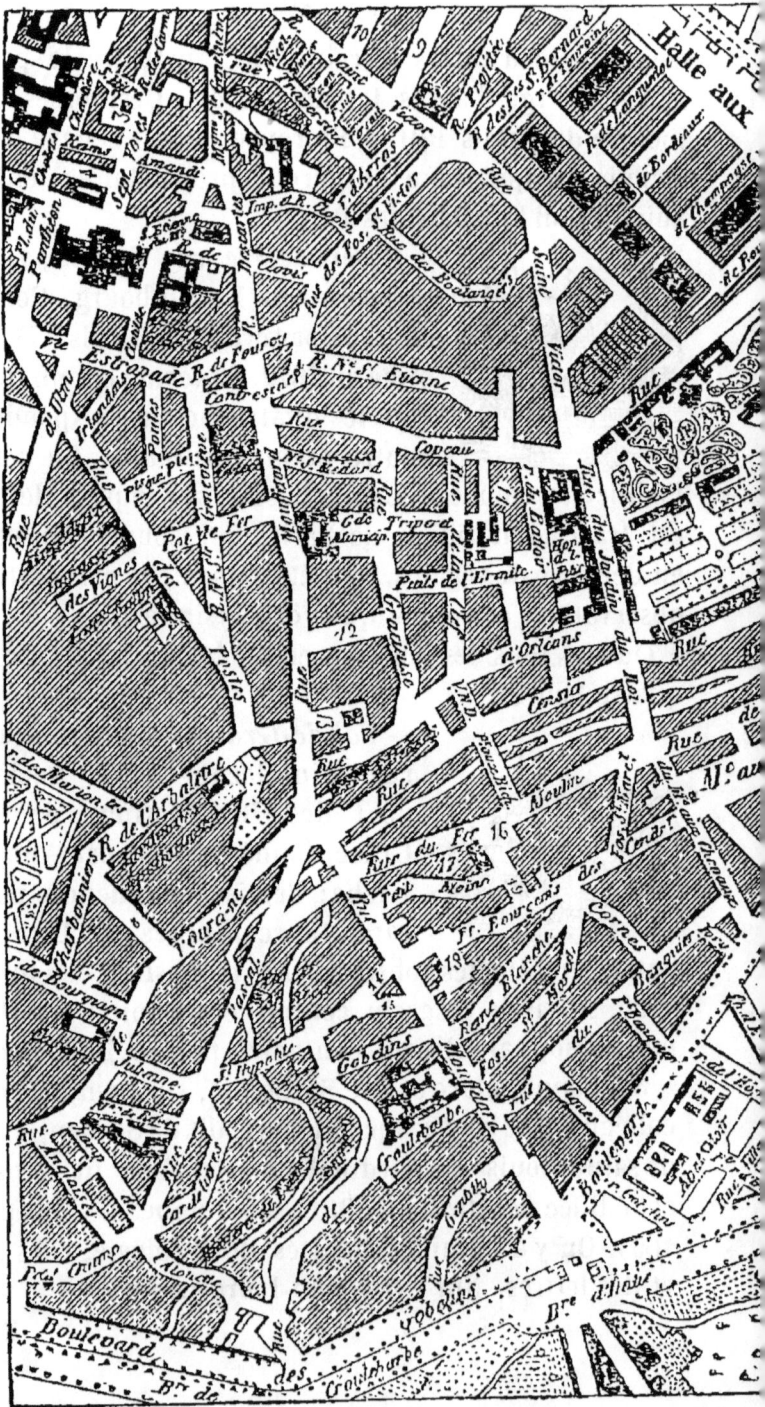

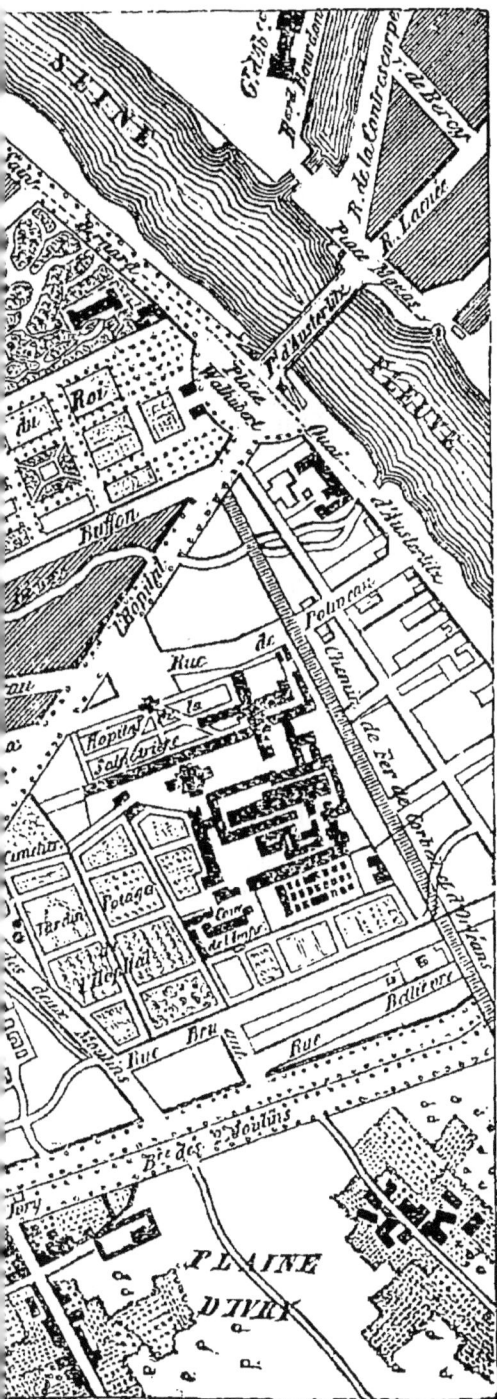

Etienne, r. Nve-St-
Fer-à-Moulins, r.
Fossés-Saint-Marcel,
  r. des
Fossés-Saint-Victor,
  r. des
Fourcy, r. de
3. Four-St-Hilaire, r.
  du
Francs-Bourgeois-St-
  Michel, r. des

Geneviève, r. Nve-Ste-
Gentilly, r. de
Gobelins, boul. des
Gobelins, manuf. des
Gobelins, r. des
Gracieuse, r.
6. Grès, r. des

Halle-aux-Vins.
8. Hautefort, imp.
Henri IV, collége
Hilaire r. St-
Hôpital barr. de l'
Hypolite, r. St-

Irlandais, r. des
Italie, barr. d'
Ivry, barr. d'

Jardin de l'Ecole de
  Pharmacie.

Jardin-du-Roi, r. du
Jardin du Roi.
4. Jean-Hubert, r.
Julienne, r.

Lyonnais, r. des

Marcel, théât. St-
Marché aux Chevaux.
Marché-aux-Chevaux
  r. du
13. Marché des Pa-
  triarches.
Maison de refuge.
Marionnettes, r. des
Médard, égl. St-
Médard, r. Nve-St-
Montagne Ste-Gene-
  viève, r. de la
Mouffetard, r.
Mûrier, r. du

Nicolas, r. St-

Orléans-St-Marcel, r.
  d'
Oursine, r. de l'

Panthéon.
Panthéon, pl. du
Paon, r. du
Pascal, r.
11. Pélagie, pr, de Ste-

Petit-Banquier, r. du
Petit-Champ, r. du
Petit-Moine, r. du
15. Pierre-assis. r.
Pitié, hôp. de la
9. Poissy, r. de
Poliveau, r.
Pont-aux-Biches, r. du
10. Pontoise, r. de
Portes, r. des
Pot-de-Fer, r. du
Poules, r. des
Puits-l'Hermite, r. du
Puits-qui-parle, r. du

Reims, r. de
Reine-Blanche, r. de
  la
Rollin, collége
Sept-Voies, r. des
19. Scipion, r.
16. Scipion, pl.

Traversine, r.
Triperet, r.
14. Trois-Couronnes,
  r. des

Ulm, r. d'

Vieille-Estrapade, r.
  de la
Vignes, r. des

PRINCIPAUX MONUMENTS.

Jardin-du-Roi, quai Saint-Bernard. Ce magnifique établissement fut créé en 1635; mais sa véritable fondation
ne date que de 1739, époque à laquelle l'illustre Buffon en
fut nommé directeur. Le Jardin-du-Roi, ou Jardin-des-
Plantes, se compose d'un vaste enclos, où sont rassem-
blées les productions les plus variées de la nature. Les
plantes exotiques sont renfermées dans des serres chauffées
à différentes températures. On trouve dans les galeries la

plus riche collection des trois règnes; une ménagerie nombreuse, une bibliothèque d'histoire naturelle, des laboratoires, un amphithéâtre où les plus célèbres professeurs font des cours, et une superbe salle d'anatomie comparée.

Ce jardin est ouvert tous les jours; les animaux sont visibles de 11 heures à 3 heures, et le cabinet d'histoire naturelle peut être visité le mardi et le vendredi, depuis 3 heures jusqu'à la nuit.

Manufacture des Gobelins, rue Mouffetard, 270, doit son nom à Gilles Gobelin, fameux teinturier du temps, qui fit bâtir là, en 1450, une maison dans laquelle il s'établit. En 1666, Colbert acheta cet hôtel et y fonda l'admirable manufacture dont la réputation est maintenant si grande et si justifiée. Les ateliers et le salon d'exposition des tapisseries sont ouverts au public le mercredi et le samedi, de 2 heures jusqu'au soir, sur la présentation des billets que délivre M. l'intendant général de la liste civile.

Panthéon ou église Sainte-Geneviève. Commencé en 1757, sur les dessins de Soufflot. La première pierre d'un des pilliers du dôme fut posée par Louis XV, le 6 septembre 1764. Ce superbe monument a 88 mètres de longueur sur 28 de largeur. Des caveaux se prolongent dans toute l'étendue de l'édifice. Le dôme a 83 mètres de hauteur. L'intérieur est orné de peintures et de sculptures du plus grand mérite. Le fronton de la façade principale, sculpté par David, représente le génie de la patrie distribuant des couronnes.

On peut visiter tous les jours le Panthéon, de 10 heures à 4 heures.

Pl. du Trône
Bre Trône
Bre S. Man
Sud Nord
Aven. du Belair
Aven. de St-Mande
Piepus
Montreuil
Bre de Reuilly
Rue
R. des Balles
de
Reuilly
Quatre Chemins
Rue Montgomen
Ruelle des Trois Chandelles
Charenton
Rue
Rue de Reuilly
Pte R. de Reuilly
Rue
de
Rue Montreuil
R. de la Planchette
R. de Paris
Rue de Bercy
Rue
Charenton
Rue Bignon
de
R. Jean Bouton
R. de Paris
Bercy
Bre de la Rapée
Rue
Grande
d'Alger
des
Rue
de Reuilly
la
Rapée
R. Moreau
Rue
R. Traversière
Rue
Quai
de
la
Quai
SEINE
Quai d'Austerlitz

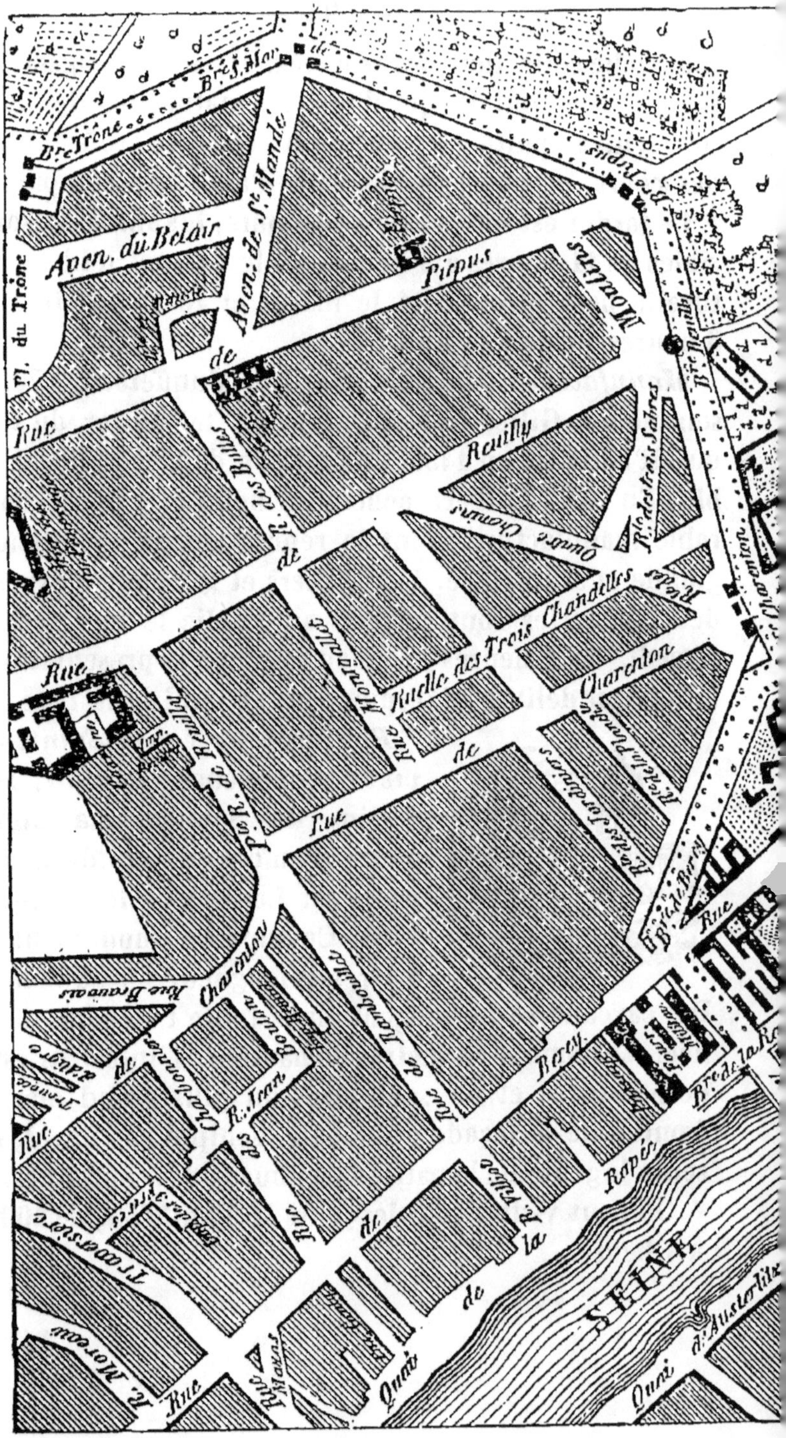

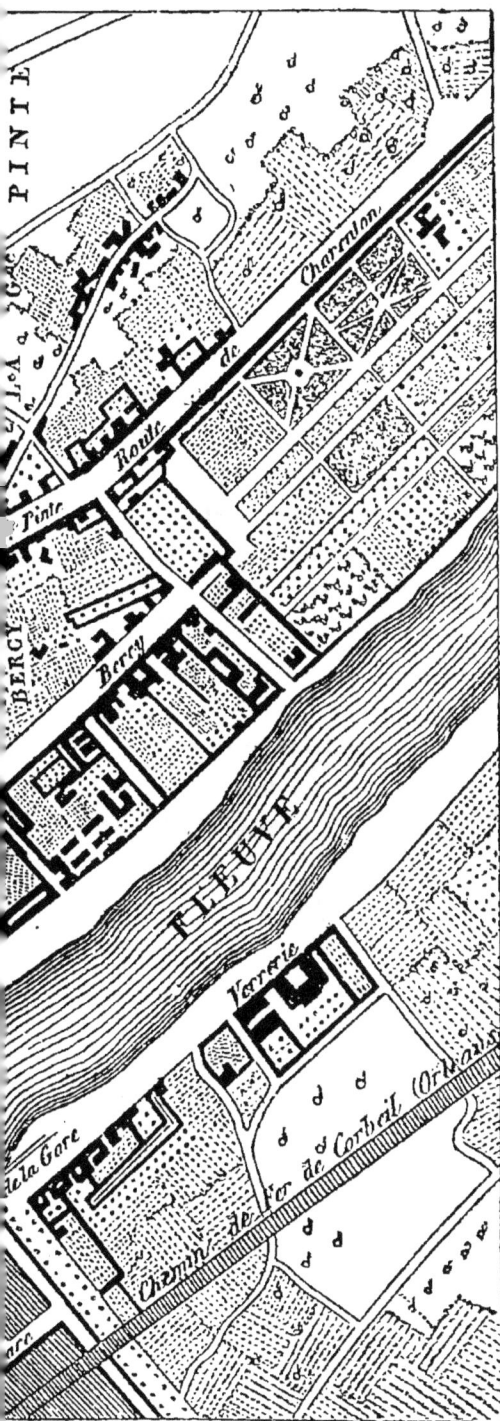

Aligre, r. d'
Austerlitz, quai d'

Beauveau, r.
Bel-Air, aven. du
Bercy, r. de
Bercy, barr. de
Bercy, pont de
Bercy, près Paris.
Buttes, r. des

Chandelles, ruelle
  des Trois-
Charbonniers, r. des
Charenton, r. de
Charenton, route de
Charenton, barr. de
Chemins, ruelle des
  Quatre-
Chemin de fer de Cor-
  beil et Orléans.

Fourrages, marché
  aux
Fourrages militaires.
Frères, imp. des Trois-

Gare, r. de la
Gare, barr. de la
Genty, pass.

Hennel, imp.
Hôpital-Militaire,

Jardiniers, ruelle des
Jean-Bouton, r.

Mandé, barr. de St-
Mandé, aven. de St-
Mandé, ruelle de St-
Mazas, boul.
Montgallet, r.
Moreau, r.

Passage.
Picpus, r. de
Picpus, barr. de
Picpus, couvent de
Pinte, la Grande, près
  Paris.
Pinte, r. de la Grande-
Planchette, ruelle de
  la

Rambouillet, r. de
Râpée, quai de la
Râpée, barr. de la
Reuilly, r. de
Reuilly, imp. de
Reuilly, petite r. de
Reuilly, barr. de

Reuilly, cas. de la r. de

Sabres, ruelle des Trois-

Traversière, r.

Trône, pl. du
Trône, barr. du
Trouvée, r.

Verrerie, hors Paris.
Villiot.

PROMENADES.

Bercy, grand et beau village, sur la rive droite de la Seine. Il était déjà connu sous Louis le Gros et au commencement du seizième siècle. Bercy était alors un port considérable. Aujourd'hui on y apporte les vins, eaux-de-vie, vinaigres et huiles qui servent à l'approvisionnement de Paris. Il existe en outre, au port de la Râpée, un entrepôt de bois de charpente, charronnage, etc.

Le 31 juillet 1820, un effroyable incendie dévora un grand établissement et plus de 40 000 pièces de vin, d'eau-de-vie, etc. La perte fut évaluée à plus de 10 millions.

L'hospice de Charenton est dans le voisinage de Bercy. Il peut contenir environ 400 aliénés de l'un et de l'autre sexe.

La maison est bâtie sur le penchant d'une colline, au bas de laquelle coule la Marne; elle offre de toutes parts une vue ravissante. L'air qu'on y respire est pur, les bosquets y sont frais et les promenades charmantes.

Les aliénés sont admis dans cet établissement moyennant un prix de journée basé sur les dépenses qu'exigent leur traitement et leur surveillance.

On voit encore, près de Charenton, un ancien château qui a été habité par Gabrielle d'Estrées, et une maison connue sous le nom de *Séjour du Roi*, qui appartenait à la duchesse d'Orléans.

VOITURES.—LOCOMOTIVES.—BATEAUX.

—

I. OMNIBUS.

Bureaux d'attente et de correspondance.

NOTA. Les numéros en chiffres romains renvoient aux parcelles du plan général.

II. Rue Royale-St-Honoré, n. 13, pour les 4e et 28e lignes *Omnibus* et *Parisiennes.*

II. Place et boulevard de la Madeleine, pour les 1re, 4e et 7e lignes *Omnibus.*

II. Rue de la Chaussée-d'Antin, n. 7, pour les 23e et 28e lignes *Batignollaises* et *Parisiennes.*

II. Boulevard des Italiens, n. 2, pour les 1re et 5e lignes *Omnibus.*

II. Place Cadet, près la rue Coquenard, pour les 25e et 26e lignes *Hirondelles.*

II. Rue de la Chaussée-d'Antin, n. 61, pour la 17e ligne *Diligentes.* Service de Charenton.

III. Place de la Fidélité, près St-Laurent, pour les 9e et 10e lignes *Dames-Réunies.*

III. Boulevard St-Denis, n. 1, pour les 1re et 26 lignes *Omnibus* et *Hirondelles.*

III. Boulevard du Temple, n. 37, pour les 1re et 27e lignes *Omnibus* et *Parisiennes.*

III. Rue St-Martin, près la porte St-Martin, pour la 10e ligne *Dames-Réunies.*Serv.dePantin

VI. Rue de l'Arbre-Sec, n. 66, pour les 17e, 19e et 27e lignes *Diligentes, Béarnaises* et *Parisiennes.*

VI. Idem, n. 42, pour les 25e et 27e lignes *Hirondelles* et *Parisiennes.*

VI. Rue St-Honoré, n. 186, pour les 12e, 23e et 25e lignes *Trycicles, Batignollaises* et *Hirondelles.*

VI. Idem, n. 202, pour les 11e et 17e lignes *Dames-Réunies* et *Diligentes.*

VI. Rue des Quinze-Vingts, près la rue de Rivoli, pour les 4e et 5e lignes *Omnibus.*

VI. Rue Rohan, n. 2, place du Carrousel, pour les 2e, 5e et 6e lignes *Omnibus.*

VI. Place du Carrousel, hôtel de Nantes, pour les 12e et 21e lignes *Tricycles et Gazelles.*

VI. Rue Croix-des-Petits-Champs, n. 54, pour les 14e et 16e lignes *Favorites.*

VI. Rue de la Vrillière, près la Banque, pour les 3e et 12e lignes *Omnibus et Tricycles.*

VI. Place des Petits-Pères, pour les 3e et 22e lignes *Omnibus et Citadines.*

VI. Place de l'Oratoire-du-Louvre, pour les 8e et 9e lignes *Omnibus et Orléanaises*

VI. Rue des Pyramides, n. 3, pour les 23e et 24e lignes *Batignollaises et Gazelles.*

VI. Rue du 29 Juillet, près la rue St-Honoré, pour les 17e et 18e lignes *Diligentes.*

VI. Place Dauphine, trois bureaux, pour les 14e 15e et 21e lignes *Favorites et Citadines.*

VI. Quai de l'École, n. 52, pour les 8e et 16e lignes *Omnibus et Favorites.*

VI. Rue St-Dominique, faubourg Saint-Germain, n. 47, pour les 10e et 20e lignes *Dames-Réunies et Béarnaises.*

VI. Rue Grenelle-St-Germain, n. 6, pour les 27e et 28e lignes *Parisiennes.*

VI. Rue de Vaugirard, n. 61, pour les 27e et 29e lignes *Parisiennes.*

VI. Place St-Sulpice, n. 6, pour les 28e et 29e lignes *Parisiennes.*

VI. *Idem,* n. 10, pour les 19e et 20e lignes *Béarnaises.*

VI. Rue Corneille, près l'Odéon, pour la 5e ligne *Omnibus.*

VI. Rue de l'Ecole-de-Médecine, n. 20, pour les 16e et 15e lignes *Favorites.*

VII. Boulevard Beaumarchais, près la Bastille, pour les 1re, 2e et 5e lignes *Omnibus.*

VII. Marché St-Jean, pour les 17e et 26e lignes *Diligentes et Hirondelles.*

VII. Quai des Ormes, n. 18, près le Pont-Marie, pour les 8e et 26e lignes *Omnibus et Hirondelles.*

VII. Quai de la Tournelle, n. 21, pour les 20e, 24e et 26e lignes *Béarnaises, Gazelles et Hirondelles.*

VII. Place du Palais-de-Justice, n. 4, pour les 15e et 21e lignes *Favorites et Citadines.*

VII. Rue de la Harpe, n. 95, pour les 15e et 16e lignes *Favorites.*

VII. Rue des Mathurins-St-Jacques, n. 6, pour la 25e ligne *Hirondelles.*

VII. Esplanade du pont St-Michel, au café Français, pour les 10· et 24· lignes *Dames-Réunies* et *Gazelles*.

VIII. Rue St.-Antoine, n. 225,

place de la Bastille, pour les 17e et 20e lignes *Diligentes* et *Béarnaises*.

Ces diverses voitures se prennent, au prix de 30 cent., dans tous les bureaux indiqués ci-dessus, et partout où le voyageur les rencontre dans Paris; s'il désire une correspondance, il la demande au conducteur, en payant le prix de sa place.

Le conducteur est tenu, lorsque sa voiture passe devant un bureau de son administration, d'appeler les différents points de la correspondance et d'y faire descendre les voyageurs qui l'ont demandée. A leur entrée au bureau, ils se font reconnaître du contrôleur au moyen de leur bulletin, qui est contrôlé par la remise d'un autre cachet et d'un numéro d'ordre. Le cachet de correspondance est personnel; il ne reçoit son effet qu'autant qu'il y a place dans la voiture.

Lorsqu'un voyageur est reçu dans une voiture, en vertu d'un cachet de correspondance, il a épuisé son droit.

Les voyageurs, soit payants soit correspondants, qui attendent dans un bureau, montent en voiture par ordre de numéros, avant ceux qui se trouveraient sur la voie publique.

OMNIBUS.

1. *Parcourant 7 kilom. de Bercy au boulevart de la Madeleine, par la*

Barrière et rue de Bercy,

boulevard Contrescarpe, place de la Bastille, boulevards Beaumarchais, des Filles-du-Calvaire, du Temple, St-Martin et St-Denis, Bonne-Nouvelle, Poissonnière, Montmartre, des Italiens, des Capucines et de la Madeleine, *bout de ligne*.

CORRESPOND *avec les lignes* 2, 3, 4, 5 *et* 7, *avec les Diligences, pour les voyageurs venant de Bercy, et avec les Hirondelles et les Parisiennes pour les voyageurs amenés de la Bastille.*

2. *Parcourant 6 kilom. 1/2 de la barrière du Trône au Carrousel, par les*

Rue du Faub.-St-Antoine, place de la Bastille, r. St-Antoine, du Pont-Louis-Philippe, Hôtel-de-Ville, q. Pelletier, de Gèvres, de la Mégisserie, de l'École, du Louvre, des Tuileries, pl. du Carrousel, *bout de ligne.*

CORRESPOND *avec les lignes* 1, 3, 4, 5.

—

5. *Parcourant 6 kilom., du boulevard Beaumarchais (Bastille) aux chemins de fer de Versailles, rive droite, St-Germain et Rouen, par les*

Rue du Pas-de-la-Mule, place Royale, r. Neuve-Sainte-Catherine, des Francs-Bourgeois, de Paradis, de Rambuteau, St-Martin, aux Ours, St-Denis, Petit-Lion, Pavée-St-Sauveur, Montorgueil, Tiquetonne, Montmartre, de la Jussienne et Coq-Héron, Coquillière, de la Banque, *bureau,* place des Victoires, rues Vide-Gousset, *bur.,* Notre-Dame-des-Victoires, des Filles-St-Thomas, Neuve-St-Augustin, boulev. des Capucines, r. Caumartin, Thiroux, Ste-Croix, St-Lazare, n. 110, *bout de ligne.*

CORRESPOND *avec la ligne* 12 *Tricycles, Diligentes, Citadines.*

NOTA. Les voyageurs, au retour à la Bastille, ont droit à la correspondance des lignes 1 et 2 Omnibns, des Diligentes, lig. 17.

4. *Parcourant 6 kilom. 3/4, de la barrière du Roule au boulevard des Filles-du-Calvaire, par les*

Rues du Faub.-du-Roule, du Faub.-St-Honoré, la Madeleine, r. Duphot, St-Honoré, des Prouvaires, Trainée, pointe St-Eustache, r. Montorgueil, Mauconseil, St-Denis, du n. 119 à 262, aux Ours et Bourg-l'Abbé, Neuve-Bourg-L'Abbé, St-Martin, du n. 283 à 256, *retour par la* r. Grenétat, Royale-St-Martin, Phelipeaux, de la Corderie et de Bretagne, des Filles-du-Calvaire, *bout de ligne.*

CORRESPOND *avec les lignes* 1, 5, 6, 28.

—

5. *Parcourant 6 kilom. 1/2, de la barrière Blanche (cimetière Montmartre) à l'Odéon, par l'Opéra et le Palais-Royal et par les*

Rues N.-D.-de-Lorette, de la Fontaine-Saint-Georges, église N.-D.-de-Lorette, Laffitte, boulev. des Italiens, b., r. Richelieu, de Rohan, place du Carrousel, Pont-Royal, quai Voltaire, r. des Saints-Pères, du n. 1 à 55, Taranne et du Dragon, la Croix-Rouge, du Vieux-Colombier, pl. St-Sulpice, r. de

Tournon, Odéon, *bout de ligne.*

Correspond avec les lignes 1, 2, 4 *et* 6.

—

6. *Parcourant* 4 *kilom., de la barrière de Passy à la place du Carrousel par le bord de l'eau et par les*

Quai de Billy (bas de Chaillot), q. de la Conférence, quartier de François 1er, Cours-la-Reine, Champs-Élysées, pl. de la Concorde, q. des Tuileries, Pont-Royal, pl. du Carrousel.

Correspond avec les lignes 4 *et* 5.

—

7. *Parcourant* 4 *kilom.* 1/2, *du pont de Neuilly à la Madeleine, par les Ternes et par les*

Avenue de Seine dans Neuilly, porte Maillot (entrée du bois de Boulogne), chemin de la Révolte, route des Ternes, barrière du Roule, r. du Faub.-du-Roule, du Faub.-St-Honoré, porte St-Honoré, la Madeleine, *bout de ligne.*

Correspond avec les lignes 1 *et* 4 *moyennant un supplément de* 20 *centimes.*

—

8. *Parcourant* 5 *kilom.* 1/4, *de Bercy-le-Pont au Louvre, place de l'Oratoire, passant près le pont d'Austerlitz et par les*

Quais de la Rapée, Morland (Arsenal), St-Paul, des Ormes, de la Grève, Hôtel-de-Ville, q. Pelletier, de Gèvres, pl.

du Châtelet, q. de la Mégisserie, de l'École, pl. de l'Oratoire, du Louvre, *bout de ligne.*

Correspond avec les lignes 4 *et* 5, *les Favorites, Hirondelles et Orléanaises.*

ORLÉANAISES.

9. *Parcourant* 7 *kilom., du pont de Neuilly au Louvre, place de l'Oratoire, et par les*

Avenue de Seine dans Neuilly, l'Arc-de-Triomphe, barr. de l'Étoile, avenue des Champs-Élysées, pl. de la Concorde, r. de Rivoli, St-Nicaise, St-Honoré, du Coq, pl. de l'Oratoire, *bout de ligne.*

Correspond avec les lignes 4, 5 *et* 8.

DAMES-RÉUNIES.

10. *Parcourant* 6 *kilom.* 1/2, *de*

la *Villette*, **n. 113**, *à St-Sulpice, par les*

Rue du Faubourg-St-Martin, porte et rue St-Martin, r. des Arcis et Planche-Mibray, pont Notre-Dame, Marché-aux-Fleurs, Palais-de-Justice, r. de la Barillerie, pont St-Michel, r. St-André-des-Arts, carrefour Bussy, r. de l'Ancienne-Comédie, des Quatre-Vents, du Petit-Bourbon, place St-Sulpice, *bout de ligne.*

Correspond avec les lignes 11, 24 *et* 30, *Gazelles, Constantines.*

Service de Banlieue *pour Pantin et le Bourget.*

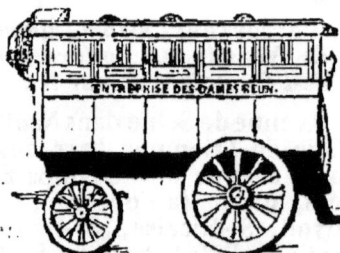

11. *Parcourant* 7 kilom. 3/4, *de Grenelle à l'église St-Laurent, faubourg St-Martin, par*

L'Ecole-Militaire, avenue de la Mothe-Piquet, les Invalides, r. de Grenelle, Belle-Chasse, St-Dominique, du Bac, Pont-Royal, pl. du Carrousel, r. St-Thomas-du-Louvre, St-Honoré, de Grenelle-St-Honoré, Coquillière, des Vieux-Augustins, Montmartre, boulev. et faub. Poissonnière, r. de l'Echiquier, Hauteville, des Petites-Ecuries, Martel, de Paradis, de la Fidélité, église St-Laurent, *bout de ligne.*

Correspond avec les Diligentes et les Béarnaises.

TRICYCLES.

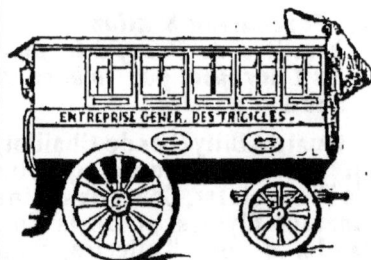

12. *Parcourant* 6 kilom., *de la barrière du Maine, chemin de fer de Versailles, rive gauche, à la porte St-Denis, par les*

Avenue du Maine, boulev. Mont-Parnasse, r. de Sèvres, du Bac, Pont-Royal, Carrousel, r. de Chartres, pl. du Palais-Royal, r. St-Honoré, Croix-des-Petits-Champs, Banque, pl. des Victoires, r. des Fossés-Montmartre, Montmartre, de Cléry, près le boul. St-Denis, *bout de ligne.*

Correspond avec l'Omnibus, les Batignollaises, les Gazelles et les Hirondelles.

FAVORITES.

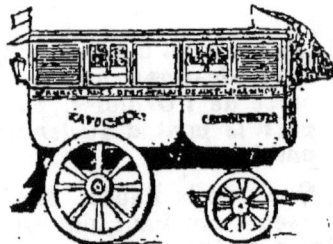

15. *Parcourant* 7 kilom., *de la*

Chapelle-St-Denis, *point de départ à la barrière d'Enfer, par les*

Barrière St-Denis, faub. St-Denis, porte St-Denis, r. St-Denis, pl. du Châtelet, Pont-au-Change, Palais-de-Justice, r. de la Barillerie, Pont-St-Michel, r. de la Vieille-Bouclerie, de La Harpe, pl. St-Michel, r. d'Enfer, boul. Mont-Parnasse, d'Enfer, près la barrière, *bureau de bout de ligne.*

Correspond avec les Favorites et les Citadines.

Service de Banlieue annexé à cette ligne pour St-Denis.

—

14. *Parcourant 7 kilom. 3/4, de Vaugirard (place de l'École), aux bains de Tivoli, par les*

Rues de Sèvres, du Dragon, Taranne, Ste-Marguerite, r. et carrefour Bussy, r. Dauphine, Pont-Neuf, r. de la Monnaie, du Roule, St-Honoré, r. du Four-St-Honoré et Marché-des-Prouvaires, r. Coquillière, Croix-des-Petits-Champs, pl. des Victoires, r. de la Feuillade, Neuve-des-Petits-Champs, Neuve-des-Capucines, Caumartin, Thiroux, Ste-Croix-d'Antin, St-Lazare, près les bains de Tivoli, *bout de ligne.*

Correspond avec les lignes 15 et 16, et avec la ligne 21 Citadines, pour Vaugirard, les Gobelins, les chemins de fer, la barrière des Martyrs et Belleville.

—

15. *Parcourant 7 kilom. 1/2, de la barrière des Martyrs aux Gobelins, passant par les Halles du centre, et par les*

Rue des Martyrs, faub. Montmartre, r. Montmartre, Pointe-St-Eustache, r. de la Tonnellerie, St-Honoré, du Roule, de la Monnaie, Pont-Neuf, pl. Dauphine, quai des Orfèvres, pont et quai St-Michel, r. du Petit-Pont, Galande, pl. Maubert, r. St-Victor, des Fossés-St-Marcel, Mouffetard, les Gobelins, barrière Fontainebleau, *bout de ligne.*

Correspond avec les lignes 13, 14 et 16, et les Citadines, pour la Chapelle, barrière d'Enfer, Vaugirard, chemins de fer, faub. Poissonnière.

—

16. *Parcourant 3 kilom. 3/5, de la place Lafayette, faubourg Poissonnière, à l'École-de-Médecine, passant près la Banque, par les*

Rues du Faubourg-Poissonnière, Poissonnière, de Cléry, du Mail, Vide-Gousset, pl. des Victoires, r. Croix-des-Petits-Champs, du Coq-St-Honoré, pl. du Louvre, q. de l'École, Pont-Neuf, r. Dauphine, carrefour Bussy, r. de l'Ancienne-Comédie, de l'École-de-Médecine, pl. de l'École-de-Médecine, *bout de ligne.*

Correspond avec les lig. 13, 14 et 15, et avec la ligne 8 Omnibus, pour la barr. d'Enfer, Vaugirard, les chemins de fer de Versailles, St-Germain et Rouen.

DILIGENTES.

17. *Parcourant 7 kilom. 1/2, de
la barrière de Charenton, passant au Palais-Royal, à la
rue St-Lazare, Chaussée-d'Antin, touchant les chemins de
fer de Versailles, St-Germain
et Rouen, par les*

Rue de Charenton, faub. St-
Antoine, pl. de la Bastille, r. St-
Antoine, Renaud-Lefèvre, Marché-St-Jean, r. de la Verrerie,
des Lombards, de l'Aiguillerie,
pl. Ste-Opportune, r. de la Fer-
ronnerie, St-Honoré, Marché-
St-Honoré, r. d'Antin, Neuve-
St-Augustin, Louis-le-Grand,
de la Chaussée-d'Antin, n. 64,
bout de ligne.

*Correspond avec les lignes
1, 3, 11, 18, 26 et 27.
Service de Banlieue annexé à
cette ligne, à partir de la barrière de Charenton, pour Charenton, Gravelle, St-Maur, Al-
fort, Creteil et Boissy-St-Léger.*

———

18. *Parcourant 3 kilom., des
Batignolles - Monceaux, rue
des Dames, à la rue St-Honoré, près-St-Roch, et par les*
Rue de Lévi dans Monceaux,
barrière de Monceaux, r. du

Rocher, de la Pépinière, n. 1 à
2, St-Lazare, n. 110 à 116, de
l'Arcade, n. 35 à 43, Neuve-des-
Mathurins, n. 41 à 38, de la
Ferme, boul. de la Madeleine,
r. Duphot, St-Honoré, n. 380 à
331, au coin de la r. du 29 Juillet, *bout de ligne.*

*Correspond avec les lignes 17
Diligentes, 28 Parisiennes, et
30 Constantines.*
Service de Banlieue *annexé
à cette ligne pour Asnières, Argenteuil, Franconville, Sannois
et Colombe.*

BÉARNAISES.

19. *Parcourant 2 kilom., de la
place de la Bourse à la place
St-Sulpice, par les*

Rues Vivienne, Neuve-des-
Petits-Champs, n. 25 à 2, de
la Banque, Croix-des-Petits-
Champs, St-Honoré, n. 168 à 114,
de l'Arbre-Sec, des Fossés-St-
Germain, de la Monnaie, Pont-
Neuf, r. Dauphine, de Bussy, de
Seine, du Petit-Bourbon, pl.
St-Sulpice, *bout de ligne.*

*Correspond avec les lignes 20
et 29, avec la ligne 17 Diligentes,
pour la Bastille, par l'Ile St-
Louis, le Gros-Caillou, le Panthéon et Vaugirard, et pour le
Marais et la bar. de Charenton.*

20 *Parcourant 6 kilom., du Gros-Caillou, rue St-Dominique, à la Bastille, par St-Sulpice et l'Ile-St-Louis, par les*

Rues St-Dominique, des SS-Pères, de Grenelle, la Croix-Rouge, r. du Vieux-Colombier, pl. St-Sulpice, r. du Petit-Bourbon, du Petit-Lion, carrefour de l'Odéon, r. de l'Ecole-de-Mécine, des Mathurins-St-Jacques, des Noyers, St-Victor, n. 11 à 82, des Bernardins, quai et pont de la Tournelle, r. des Deux-Ponts, Ile-St-Louis, Pont-Marie, r. Nonandières, Fourcy, St-Antoine, n. 82 à 223, pl. de la Bastille, *bout de ligne.*

Correspond avec les Dames-Réunies, Béarnaises, Gazelles, Parisiennes et Diligentes.

CITADINES.

21. *Parcourant 4 kilom., de Belleville, rue de Paris, n. 52, point de départ, à la place Dauphine, par les*

Faub.-du-Temple, r. du Temple, Ste-Avoye, Barre-du-Bec, des Coquilles, de la Tixéranderie, pl de l'Hôtel-de-Ville, q. Pelletier et de Gèvres, Pont-au-Change, q de l'Horloge, r. du Harlay, pl. Dauphine, *bureau de bout ligne.*

Correspond avec les Favorites

—

22. *Parcourant 3 kilom. 5/5, de la place des Petits-Pères, à Belleville, par les*

Rue Vide-Gousset, pl. des Victoires, r. des Fossés-Montmartre, Neuve-St-Eustache, Bourbon-Villeneuve, boul. St-Denis, r. St-Martin, Neuve-St-Martin, Notre-Dame-de-Nazareth, du Temple, n. 124 à 139, du Faubourg-du-Temple, barrière de Belleville (la Courtille), *bout de ligne.*

Correspond avec les Omnibus.

BATIGNOLLAISES.

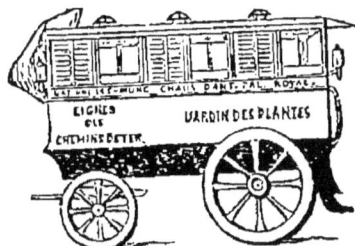

23. *Parcourant 3 kilom. Batignolles-Monceaux, au cloître St-Honoré, près le Louvre, par les*

Grande-Rue aux Batignolles, barrière et rue de Clichy, rues St-Lazare, n. 74 à 88, de la Chaussée-d'Antin, Louis-le-Grand, n. 50 à 55, du Port-Mahon, rue et carrefour Gaillon, r. Neuve-St-Roch, St-Honoré, n. 298 à 486, pl. du Palais-Royal, au Cloître-St-Honoré, *bout de ligne.*

Correspond avec les Tricy

27

cles, ligne 12, *Gazelles ligne 24, Hirondelles ligne 25, Constantines ligne 30, pour les Champs-Elysées, Chaillot, faubourg St-Germain par les rues du Bac et de Sèvres, barrière du Maine, au chemin de fer de Versailles rive gauche, faubourg St-Jacques et Poissonnière.*

Service de Clichy, St-Ouen, St-Denis et la nouvelle gare du chemin de fer.

GAZELLES.

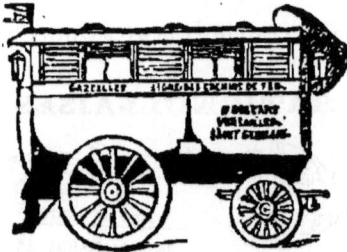

24. *Parcourant 5 kilom. 1/4, de la Gare de Bercy, rive gauche, à la rue des Pyramides près les Tuileries, au chemin de fer d'Orléans, touchant, par les*

Quai d'Austerlitz. r. Neuve-de-la-Gare, boul. de l'Hôpital, Jardin-des-Plantes, les quais jusqu'au Pont-Neuf, le Pont-Neuf, les quais jusqu'au Carrousel, r. de Rivoli, pl. et r. des Pyramides, *bout de ligne.*

Correspond avec les lignes 10, 12, 20, 23 et 26.
Service de Banlieue *par la correspondance des Batignollaises pour Clichy, St-Ouen et St-Denis.*

HIRONDELLES.

25. *Parcourant 7 kilom. 1/2, de la barrière Rochechouart à la barrière St-Jacques, par le Palais-Royal et le Palais-de-Justice, et par les*

Rues Rochechouart, Cadet, du Faub.-Montmartre, boulev. Montmartre, r. Vivienne, Neuve-des-Petits-Champs, des Bons-Enfants, St-Honoré, n. 192 à 111, de l'Arbre-Sec, pl. et q. de l'Ecole, q. de la Mégisserie, Pont-au-Change, r. de la Barillerie, pont et quai St-Michel, r. du Petit-Pont, St-Jacques, des Mathurins-St-Jacques, de la Sorbonne, de Cluny et des Cordiers, reprise des r. St-Jacques et du Faub. et barrière St-Jacques, *bout de ligne.*

Correspond avec les lignes 12, 24 et 27.

———

26. *Parcourant 6 kilom. 3/5, de la place Cadet, point de départ, au quartier Mouffetard, par les portes St-Denis, St-Martin, l'Ile-St-Louis, et par les*

Rues Bleue, du Faub.-Poissonnière, des Petites-Ecuries, du Faub.-St-Denis, boul. St-Denis, porte et r. St-Martin, r.

Jean-Robert, des Gravilliers, du Temple, n. 59 à 1, Ste-Avoye, Ste-Croix-de-la-Bretonnerie, de Bourtibourg, Marché-St-Jean, r. Renaud-Lefebvre, St-Antoine, n. 2 à 48, de Jouy, des Nonaindières, Pont-Marie, r. des Deux-Ponts, Ile-St-Louis, pont de la Tournelle, r. des Fossés-St-Bernard, St-Victor et Jardin-du-Roi, r. Fer-à-Moulin, Mouffetard, n. 79 à 83, Pascal, n. 2, *bout de ligne.*

Correspond avec les lignes 1, 8, 17, 20 et 24, et *les Béarnaises.*

PARISIENNES.

27. *Parcourant 6 kilom. 2/5, de la barrière Mont-Parnasse, près du chemin de fer, rive gauche, au boulevard du temple, par le Pont-Neuf et les*

Rues du Mont-Parnasse, Notre-Dame-des-Champs, du Regard, du Cherche-Midi, la Croix-Rouge, r. de Grenelle, des SS-Pères, Taranne, St-Benoît, Jacob, n. 34 à 40, des Petits-Augustins, q. Malaquais et Conti, Pont-Neuf, q. de l'Ecole, r. de l'Arbre-Sec, St-Honoré, n. 111 à 160, de Grenelle, Coquillière, n. 18 à 47, Croix-des-Petits-Champs, pl. des Victoires, r. des Fosses-

Montmartre, Neuve-St-Eustache, Bourbon-Villeneuve, boul. St-Denis, St-Martin, du Temple, *bout de ligne.*

Correspond avec les lignes 1, 17, 25, 28 *et* 29.

—

28. *Parcourant 7 kilom., de l'Ecole Polytechnique à la rue Montholon, passant par St-Sulpice, chambre des députés, place de la Concorde et place Vendôme, et par les*

Rues St-Jacques, n. 168 à 204, St-Dominique-d'Enfer, n. 15 à 1, pl. St-Michel, r. des Francs-Bourgeois, Monsieur-le-Prince, n. 35 à 39, Racine, pl. et r. de l'Odéon, r. des Quatre-Vents, du Petit-Bourbon, pl. St-Sulpice, r. des Canettes, du Four, n. 31 à 81, Croix-Rouge, r. de Grenelle-St-Germain, n. 1 à 111, de Bourgogne, pont et pl. de la Concorde, r. Royale, St-Honoré à la place Vendôme, place Vendôme, r. de la Paix, boul. des Capucines, r. Chaussée-d'Antin, n. 2 à 54, de Provence, Richer, Trévise, Bleue, Ribouté, Montholon, *bout de ligne.*

Correspond avec les lignes 4, 18, 23, 27 et 29, *faubourg du Roule, Monceaux, la Bourse, la Bastille, Vaugirard, barrière Mont-Parnasse et boulevard du Temple.*

—

29. *Parcourant 3 kilom., de l'extrémité de Vaugirard à St-Sulpice, par les*

Grande-Rue dans Vaugirard, barrière de Vaugirard, r. de

Vaugirard jusqu'à la r. Notre-Dame-des-Champs et à la r. du Regard. *Bureau* r. de Vaugirard; de ce point à la r. du Pot-de-Fer-St-Sulpice, et à la place St-Sulpice, *bout de ligne.*

Correspond avec les lignes 19, 20, 27 *et* 28.

CONSTANTINES.

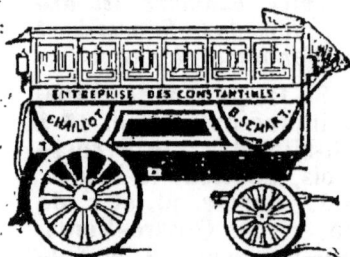

30. *Parcourant 6 kilom. 1/5, de la barrière de Longchamps*

(*plaine de Passy*) *au faubourg St-Martin*, *passant devant l'embarcadère des chemins de fer de Versailles rive droite, St-Germain et Rouen, et par les*

Rues de Longchamps, de Chaillot, avenue des Champs-Elysées, avenue et rue de Marigny, pl. Beauveau, r. du Faub. St-Honoré, de la Madeleine, Neuve-des-Mathurins, de l'Arcade, n. 13 à 33, St-Lazare, Coquenard, Montholon, Papillon, de Paradis-Poissonnière, r. et pl. de la Fidélité, église St-Laurent, faub.St-Martin, *bout de lig.*

Correspond avec les Dames-Réunies, les Diligentes et les Batignollaises.

Service de Banlieue, *annexé à cette ligne pour Neuilly, Puteaux, Courbevoie et Passy.*

II. VOITURES DE PLACE ET VOITURES SOUS REMISES.

Stations des voitures de place.

Parc. du plan gén.		Voit.	Parc. du plan gén.		Voit.
II.	Barr. de Clichy	15	II.	R. de Londres	8
II.	R. Pigale	7	II.	R. St-Lazare. 91	6
III.	Barr. Rochechouart.	16	II.	R. St-Georges au c.	
III.	Barr. Saint-Denis	12		de la rue de la Victoire	4
III.	Barr. de la Villette.	17			
I.	Barr. du Roule	20	II.	Place Breda *	5
II.	R. D'Amsterdam	30	III.	R. Lafayette	4
II.	R. de Berlin	8	II.	R. Olivier-St-Georges.	15

Parc. du plan. gén.		Voit.
II.	R. du Faub.-Montmartre, 37.........	1
II.	R. du Faub.-Montmartre, 48.........	1
II.	R. de Provence......	9
II.	R.Richer, aux Menus-Plaisirs *...........	14
III.	R. des Magasins.....	12
III.	R. des Petits-Hôtels..	9
III.	R. Neuve-St-Jean....	2
III.	R. des Petit.-Ecuries	4
III.	R. N-de-la-Fidélité *..	11
I.	Barr. de l'Etoile.....	40
I.	R. du Colysée.......	20
I.	R. du Faub.-St-Honoré, 128..........	5
II.	Pl. de la Concorde...	2
I.	Sur l'allée pavée faisant suite à la rue des Ch.-Elysées....	15
II.	R. N.-de-Luxemb...	2
II.	Pl. de la Madeleine..	15
II.	R. Trouchet, 26.....	5
II.	R. Royale-St-Hon. 17.	2
II.	R. Trudon..........	16
II.	Boul. de la Madel. *..	21
II.	Bains-Chinois.......	16
II.	Au coin de la r. de la Chaussée-d'Antin..	2
II.	Boul. des Capucines.	44
II.	R. Louis-le-Grand...	5
II.	R. Monthabor.......	13
II.	R. Mondovi.........	5
II.	Marché St-Honoré...	4
II.	R. de la Corderie....	2
II.	R. Rameau et Colbert.	9
II.	Arcade Colbert......	5
II.	R. Montmartre, 158..	5
II.	Pl. de la Bourse.....	16
II.	R. N.-D.-des-Vict....	2
II.	Boul. Montmartre....	13
II.	Au coin de la r. Montmartre...........	4
II.	Boul. des Italiens *..	16
II.	Au c. de la r. Laffitte.	1
II.	Au c. de la r. Gramm.	1

Parc. du plan gén.		Voit.
III.	Boul. Bon.-Nouvelle.	24
III.	Pl. du Caire *.......	5
III.	Boul. Poissonnière..	47
VI.	Pl. du Palais-Royal *.	56
VI.	R. N.-des-B.-Enfants.	15
VI.	R. Croix-des-Petits-Champs............	5
VI.	R. Montpensier......	12
VI.	R. Beaujolais.......	3
II.	Pl. des Victoires *....	24
	Cloître Saint-Jacques l'Hôpital..........	5
	R. du Cygne, 15......	2
III.	Boul. St-Denis.......	28
III.	R. d'Enghien, 4......	3
III.	Boul. St-Martin *.....	34
III.	R. du Caire, 2...... .	2
III.	R. Royale-St-Martin..	2
	R. Conté, 12........	2
III.	Marché St-Martin....	2
III.	R. de la Corderie-du-Temple............	15
IV.	Barr. de Belleville...	40
III.	Boul. du Temple *....	20
IV.	Barr. Ménilmontant..	12
V.	Barr. de Passy.......	40
V.	Au coin du boul. des Invalides..........	2
V.	R. de Grenelle-Saint-Germain..........	6
V.	R. de l'Université, pr. le Pal.-Bourbon *...	16
V.	R. de l'Univers., 144..	6
V.	R. de Poitiers.......	12
V.	R. de l'Université....	15
VI.	Quai Malaquais *.....	25
VI.	Quai Voltaire........	25
VI.	R. St-Benoît.........	6
VI.	Pl. du Louvre *......	30
VI.	Au coin de la rue de l'Oratoire..........	2
VI.	R. Neuve-St-Opport..	1
VI.	R. de la Ferronnerie.	2
VI.	Quai des Orfèvres, pr. le Pont-Neuf......	20
III.	Boul. Beaumarchais *.	12

28

Parc. du plan gén.		Voit.	Parc. du plan gén.		Voit.
VI.	Quai Conti............	10	VI.	R. Condé............	8
	Quai de Gèvres......	17	VI.	R. Voltaire.........	12
VI.	Quai de la Mégisserie.	17	VI.	R. Mazarine	4
VII.	Quai des Orfèvres, au bas du Pont-Saint-Michel	6	VII.	Parvis Notre-Dame *.	10
			VII.	Place Maubert *......	8
VII.	R. du Chaume........	18	VI.	Q. des Gr.-August. *.	15
VII.	R. des Quatre-Fils *..	14	VII.	Place St-Michel *....	16
VII.	R. Barre-du-Bec *....	4	VII.	Place du Panthéon..	4
VII.	Quai Pelletier.......	20	VII.	Quai des Ormes *....	28
VII.	R. Payenne *.........	16	VIII.	Abb. St-Antoine.....	12
VII.	R. Cult.-Ste-Cather..	5	VIII.	Barr. du Trône......	50
VII.	R. Neuve St-Gilles....	4	I.	Barr. de Sèvres......	12
III.	Boul. Beaumarchais..	12	I.	Barr. du Maine......	24
III.	Barr. du Père-Lach..	35	II.	Barr. Montmartre...	12
VI.	R. de Sèvres, près l'hosp. des Ménag..	19	V.	R. de la V.-Estrap...	18
			V.	Pl. de l'Estrapade....	2
VI.	Près l'abb.-au-Bois..	4	XI.	R. du Jard. du Roi *..	12
VI.	R. de la Planche.....	9	II.	Au b. de la r. Copeau.	6
VI.	R. Taranne.........	5	XI.	Pl. Valhubert.......	36
VI.	Pl. St-Sulpice.......	7	XII.	Barr. de la Râpée....	20
VI.	R. de Vaugirard.....	9	VIII	Barr. d'Enfer........	15
			XI.	Barr. d'Italie........	25

Les vingt-quatre stations suivies d'un astérisque * sont les seules où il soit permis aux cochers de faire stationner leurs voitures pendant la nuit.

Tarif des voitures

	de 6 h. du m. à minuit.			— min. à 6 h. m.	
DE PLACE.	course.	1re heure.	h. suiv.	course.	heure.
Fiacres.................	1 50	2 25	1 75 —	2 00	3 00
Coupés et petits fiacres....	1 25	1 75	1 50 —	1 65	2 50
Cabriolets à 2 et 4 roues..	1 00	1 50	1 25 —	1 65	2 50
SOUS REMISES.					
Carrosses................	2 00	2 75	2 00 —	3 00	4 00
Coupés................	1 75	2 25	2 00 —	2 00	3 00
Cabriolets..............	1 50	2 00	2 00 —	2 50	3 75

En dedans du mur d'enceinte des fortifications. Pour ce service, les voitures ne pourront être prises qu'à l'heure : flacre à deux chevaux, 5 fr. 50 c.; coupés et petits fiacres, 2 fr. ; cabriolets, 1 fr. 75 c. Pour le service en dehors du mur d'enceinte des fortifications, 50 c. en sus pour chaque voiture. On ne les prend que jusqu'à 7 h. du s. en hiver, et 9 h. en été.

Tout cocher pris sur la voie publique ou à une station sera tenu de marcher à toute réquisition. A compter de minuit, les cochers ne seront pas tenus de sortir de Paris pour se rendre dans les localités situées au-dedans du mur d'enceinte des fortifications ; et en dehors, après 7 heures du soir en hiver et 9 heures en été. Pour l'un et l'autre cas, si, après ces heures, ils consentent à marcher, le prix du voyage sera réglé de gré à gré. Pour le chemin de fer de Versailles (rive gauche), les prix sont les mêmes que pour l'intérieur de Paris. Les voitures marchant à l'heure doivent parcourir 8 kilomètres à l'heure.

Lorsque le voyageur, arrivé à destination dans une commune, renverra immédiatement la voiture, il payera au cocher pour son retour une somme égale à celle qu'il aura payée pour être amené de Paris.

III. POSTE AUX CHEVAUX.

Rue Pigale, n⁰ 2, Chaussée-d'Antin, ainsi qu'aux bureaux des *Diligentes*, succursales de la Poste, rue St-Honoré, au coin de la rue du 29 Juillet, rue St-Honoré, 202, près du Palais-Royal, rue de l'Arbre-Sec, près la rue St-Honoré, Marché-St-Jean, 29, et rue St-Antoine, 225, près la Bastille. C'est sur la présentation d'un passeport non périmé qu'on peut obtenir des chevaux. Le tarif, au kilomètre, est de 20 centimes par cheval ; il sera perçu en outre 15 centimes par voyageur excédant le nombre de chevaux.

On délivre également des chevaux au prix de 2 francs par cheval et 2 francs par chaque postillon, pour conduire les voitures aux embarcadères des chemins de fer comme pour les ramener. On fait ces commandes à la Poste aux Chevaux ou aux bureaux des *Diligentes* ci-dessus indiqués.

IV. CHEMINS DE FER.

Rive gauche.

A PARIS.	A VERSAILLES.
Barrière du Maine.	Rue de la Mairie.

Voitures spéciales à 25 cent. (30 cent. le dimanche). Correspondant avec le départ et l'arrivée des convois.

Carrousel, h. de Nantes. — *Bourse*, rue Feydeau, 5. — *Saint-Sulpice*, place St-Sulpice, 12. — *Palais-de-Justice*, Place du Palais, 1. — *Hôtel-de-Ville*, rue François-Miron, 2. — *Porte-St-Martin*, rue St-Martin, 256.

Service de la semaine en été.

Dép. de Paris toutes les h. de 8. du m. à 4 h. du s. — Pour *Vanves*, *Clamart*, *Meudon* et *Bellevue* toutes les 2 h., de 8 h. du m. à 2 h. du s. — Pour *Sèvres*, *Chaville* et *Viroflay*, 4 h. — *Viroflay*, de 5 h. du s. à 8 h. toutes h. et 9 h. 1/2 pour toutes les stations.

Rive droite.

A PARIS.	A VERSAILLES.
Rue Saint-Lazare, 120.	Rue du Plessis.

SERVICE D'ÉTÉ. (Les Dimanches il y a un service supplémentaire.)

Omnibus spéciaux à 25 cent. (30 cent. *le dimanche*). *Correspondant avec le départ et l'arrivée des convois.*

Carrousel, au coin de la rue de Chartres. — *Bourse*, Messageries Royales, rue Montmartre, 109. — *Porte-St-Denis*, Cité d'Orléans, Boulevard St.-Denis, 18. — *La Halle*, cour Batave, rue St-Denis, 122. — *Palais de Justice*, cour du Harlay.

Départs de Paris, toutes les heures, de 7 h. 40 m. du m. à 9 h. 40 m. du s.

Départs de Versailles, toutes les heures, de 7 h. 1/2 du m. à 10 h. 1/2 du s.

Directement : Asnière, Courbevoie, Puteaux, Suresne, Saint-Cloud, Sèvres, Chaville, Viroflay.

Par correspondance : Ville-d'Avray, Marnes, Vaucresson, Jouy, St-Cyr, Villepreux, Chevreuse, Orsay, Nauphle-le-Château, Laqueue, Maule, Montfort-l'Amaury, Rambouillet, Septeuil, Houdan, Chartres.

OMNIBUS DE VERSAILLES, à 15 cent., conduisant au château et dans les principaux quartiers.

LIGNE DE SAINT-GERMAIN.

Départs de Paris, toutes les heures, de 8 h. 25 m. du m. à 9 h. 25 m. du s.

Départs de St.-Germain, toutes les heures, de 7 h. 55 m. du matin à 10 h. du s. par Asnières, Nanterre, château de Rueil et Bougival.

DE PARIS A ROUEN.

Rue Saint-Lazare, 120.

Départs de Paris, le matin, 7 h., 8 h. (Mantes, le dimanche, 10 h.) — Le soir, midi, 5 h. (Mantes, tous les jours à 5 h.), à 7 heures pour Colombes, Étoile de Conflans, Poissy, Triel, Meulan, Epônes, Mantes, Rosny, Bonnières, Vernon, Gaillon, Louviers, Pont-de-l'Arche, Tourville, Rouen.

DE PARIS A ORLÉANS.

Rue Neuve-de-la-Gare, près le pont d'Austerlitz.

Stations. — Section de Corbeil.

De Paris à Choisy, Ablon, Villeneuve, Athis, Juvisy, Ris Evry, Corbeil.

Stations. — Section d'Orléans.

Juvisy, Epinay, Saint-Michel, Bretigny, Marolles, Lardy, Etréchy, Étampes, Angerville, Toury, Artenay, Chevilly, Orléans.

V. BATEAUX A VAPEUR.

Quai de l'Hôtel-de-Ville.

Parisiens et *Parisiennes* : 1er départ à 7 h. du m. et le 2e à 10 h. pour Auxerre, passant par Choisy-le-Roi, Villeneuve-Saint-Georges, Ablon, Châtillon, Ris, Soisy-sous-Étioles, Cor-

beil, le Coudray, Seine-Port, Melun, La Cave, Héricy, Fontainebleau, Tomery, Saint-Mamez, Montereau, Sens, Joigny, Auxerre.
— Correspondance avec Nemours, Sens, Bray, Nogent, Provins
et Montargis.

L'*Aigle*, pour Corbeil, correspondant avec le chemin de fer.

DE PARIS A SAINT-CLOUD,

Quai d'Orsay, près le Pont-Royal.

Le service n'aura lieu dans la semaine que les jours de beau
temps.

Les lundis et jeudis, de Paris, 8, 9, 11 h., midi, 2, 3 et 5 h. du s.
— De Saint-Cloud, 9, 10 h., midi, 1, 2, 5 h. 1/4, 6 h. 1/2 du s.

Mardis, mercredis, vendredis et samedis, de Paris, 8, 11, du
m. 2, 5 h. du s.— de Saint-Cloud, 9 h., midi, 3, 6 h. 1/4.

Les dimanches et fêtes, départs d'heure en heure.

Le *Zampa*, les dimanches seulement. Départs de Paris, 10 h.
1/4 du matin, 1 h. 1/4, 4 h. 1/4 du s.— De Saint-Cloud. 11 h. 1/2
du m., 2 et 6 h. 1/2 du s.

BATEAUX-POSTE DE PARIS A MEAUX.

Bureaux à Paris, rue du Ponceau, 18 ; à Meaux, sur le port.
Départs de la Villette (gare circulaire).

Janvier, février et décembre, 9 h. du matin et 2 h. du soir.—
Mars, avril, octobre et novembre, 9 h. du m. et 2 h. du s. —
Mai, juin et juillet, 8 h. du matin et 4 h. du soir.— Août et sep-
tembre, 8 h. du matin et 4 h. du soir.

Les omnibus partent de la rue du Ponceau, une demi-heure
avant les heures ci-dessus fixées.

FÊTES

DES

ENVIRONS DE PARIS,

ET

VOITURES QUI Y CONDUISENT.

———

ANTONY, village à 1 myriam. S. 1194 habitants. Fête le deuxième dimanche d'avril. — Voitures rue Mazarine, 36, et r. d'Enfer-St-Michel, 110.

ARCUEIL, village, 5 kilom. S. 1816 hab., fête le dimanche après la Saint-Denis (octobre). — Voit. r. du Pont-de-Lodi, 4.

ASNIÈRES, village, 1 myriam. N.-O. 519 hab., fête le 17 septembre.— Batignollaises, chemin de fer, rive droite.

AUTEUIL, village, 8 kilom. O. 2764 hab., fête 15 août et dimanche suivant. — Omnibus.

BAGNEUX, 8 kilom. S. 885 hab., fête 17 octobre. — Montrougiennes.

BAGNOLET, village, 1 myriam. N.-E. 1100 hab., fête le premier dimanche de septembre. — Dames-Réunies.

BEAUGRENELLE, village, 1 myriam. S.-O., fête premier et deuxième dimanche après la St-Jean (juin). — Dames-Françaises, Omnibus.

BELLEVILLE, 5 kilom. 8170 hab., fête le 24 juin. — Citadines.

BELLEVUE-sous-Meudon, 1 myriam. O., fête le 15 août et

dimanche suivant. — Voit. r. des Quinze-Vingts, chemin de fer rive gauche.

BERCY, village, 5 kilom. E. 3939 hab., fête le dimanche après le 8 septembre. — Omnibus, Diligentes.

BONDY, 1 myriam. N. 2385 hab., fête lundi de Pâques.—Voit. r. Ste-Appoline, 11, et r. St-Martin, 247.

BOUGIVAL, 1 myriam. et demi O. 1057 hab., fête 15 août. — Chemin de fer, rive droite.

BOULOGNE, village, 1 myriam. O. 5391 hab., fête premier et deuxième dimanche de juillet. — Voit. r. de Rohan.

BOURG-LA-REINE, 1 myriam. S. 997 hab., fête dim. après le 24 juin. — Voit. r. d'Enfer et r. de l'Observance, 2.

BRUNOY, village, 2 myriam. et demi S.-E. 961 hab., fête le lundi de la Pentecôte. — Voit. r. Jean-Beausire, 11.

CHAMPIGNY, village, 1 myriam. et demi S.-E. 1200 hab., fête lundi de la Pentecôte. — Diligentes.

CHARENTON-LE-PONT, bourg, 1 myriam. S., 1991 hab., fête deuxième dimanche de juillet. — Diligentes.

CHARENTON-SAINT-MAURICE, village, 1 myriam. S. 1449 hab., fête dernier dimanche de septembre. — Diligentes.

CHATENAY, village, 1 myriam. un quart S.-O. 600 hab., fête premier dimanche d'août. — Voit. de Sceaux.

CHATILLON, village, 6 kilom. S.-O. 1007 hab., fête le premier dimanche de mai. — Chemin de fer d'Orléans, Montrougiennes.

CHAVILLE, 1 myriam. O. 1385 hab., fête 15 août. — Voit. de Versailles, rue de Rivoli, chemin de fer, les deux rives

CHOISY-LE-ROI, bourg, 1 myriam. un quart S.-E. 3075 hab., fête le dimanche après le 25 août. — Voit. place Dauphine.

CLICHY, village, 6 kilom. S.-O. 3109 hab., fête dimanche après le 8 juin.— Batignollaises.

COLOMBES, 6 kilom. N.-O. 1649 hab., fête dimanche après le 4 juillet.— Batignollaises.

30

DRAVEIL, village, 2 myriam. et demi S.-E., près la Seine, 1100 hab., fête le 1er octobre.—Voit. r. Cloche-Perche et bateau à vapeur.

ÉPINAY, village, 1 myriam. et demi N.-O. 870 hab., fête le jour de St-Médard, 8 juin. — Voit. r. du Faub.-St-Denis, 25.

FLEURY-sous-Meudon, village, 1 myriam. O., fête le dernier dimanche de juillet et le premier dimanche d'août. — Voit. rue Dauphine, 26, passage Dauphine.

FONTENAY-AUX-ROSES, village, 1 myriam. S. 1024 hab., fête dimanche après le 16 juillet. — Voit. de Châtillon.

FONTENAY-SOUS-BOIS, village, 1 myriam. E. 1390 hab., fête premier dimanche d'août. — Voit. de Vincennes,

GENTILLY, village, 5 kilom. S. 1616 hab., fête le deuxième dimanche de mai.— Montrougiennes.

GONESSE, bourg, 2 myriam. un quart N.-E. 2400 hab., fête le jour de la Pentecôte. — Voit. r. du Faub.-St-Denis, 51 et 67.

ILE SAINT-DENIS, 1 myriam. N. 300 hab., fête le dimanche après le 4 juillet. — Voit. de Saint-Denis.

ISSY, village, 1 myriam. S.-O. 1581 hab., fête le premier dimanche d'août. — Les Parisiennes.

IVRY, village, 5 kilom. N.-E. 2900 hab., fête premier dimanche de mai. — Voit. place du Palais-de-Justice.

JOUY, village, 2 myriam. et demi S.-O. 1244 hab., fête le premier dimanche après le 7 août. — Voit. r. de Rohan, 6.

LES LOGES, village, 2 myriam. et demi O., près St-Germain, belle fête, très-suivie, le deuxième dimanche de septembre. — Voit. de St-Germain, chemin de fer de St-Germain.

MAISONS-ALFORT, village, 1 myriam. S. 1269 hab., fête le deuxième dimanche de juillet. Bal tous les dimanches. — Voit. de Charenton, et de Villeneuve-Saint-Georges.

MARLY, bourg, 2 myriam. O. 1590 hab., fête le dimanche après le 25 août. — Voit. r. St-Thomas-du-Louvre.

MEUDON, bourg, 1 myriam. et demi O. 3056 hab., fête les

premier et deuxième dimanche de juillet. — Chemin de fer, rive gauche, Parisiennes.

MONTMORENCY, petite ville, 2 myriam. et demi N. 1800 hab. fête le jour de la Madeleine et les deux dimanches suivants (juillet et août). — Voit. r. du Faub.-St-Denis, 51 et 67.

MONTREUIL-SOUS-BOIS, près de Vincennes, bourg, 5358 hab.. fête le premier dimanche après la St-Pierre. — Dames-Réunies.

NANTERRE, bourg, 1 myriam. et demi O. 2511 hab., fête le dernier dimanche de mai.—Voit. de St-Germain, chemin de fer, rive droite.

NEUILLY-sur-Seine, village, 1 myriam. O. 5608 hab., fête le dimanche après le 24 juin. — Orléanaises, Omnibus.

NOGENT-sur-Marne, bourg, 1 myriam. et demi E. 1200 hab., fête le jour de la Pentecôte. — Voit. r. Ste-Appoline, 11.

PASSY, village, 5 kilom. O. 4545 hab., fête les premier et deuxième dimanche de mai. — Omnibus, place du Carrousel.

PANTIN, 5 kilom. E. 1881 hab., fête dimanche après le 8 août; — Dames-Réunies.

PIERREFITTE, village, 1 myriam. 4 kilom. N. 817 hab., fête le jour de l'Ascension. — Voit. faub. St-Denis, 25.

PLESSIS-PIQUET, village, 1 myriam. et demi S. 500 hab., fête dimanche après la Madeleine. — Voit. de Sceaux, place St-Michel et impasse Conti.

PONT-SAINT-MAUR, village attenant à St-Maur, 1 myriam. un quart, fête le dimanche le plus près de la Saint-Laurent. — Voit. de St-Maur.

PRÉS-SAINT-GERVAIS, village, 5 kilom. N.-E. 400 hab., fête dimanche après 19 juin. — Citadines.

RANELAGH, au bois de Boulogne, pendant la belle saison, bal tous les samedis.

ROMAINVILLE, fête premier dimanche d'août. Bal tous les dimanches. — Citadines.

SAINT-CLOUD, bourg, 1 myriam. O. 2500 hab., fête les trois dimanches après le 7 septembre. — Voit. r. de Rohan, chemin de fer, rive droite.

SAINT-DENIS, ville, 1 myriam. N. 9686 hab , fête le dimanche qui suit la St-Denis. — Voit. r. du Faub.-St-Denis.

SAINT-GERMAIN-EN-LAYE, ville, 2 myriam. et demi O. 10000 hab., fête premier dimanche de septembre. — Voit. r. de Rohan, chemin de fer, rive droite.

SAINT-MANDÉ, village, 1 myriam. E. 4700 hab., fête le dim. après la Saint-Pierre. — Voit. de Vincennes.

SAINT-MAUR, village, 1 myriam. un quart S.-E. 832 hab., fête le premier dimanche après le 24 juin. — Voit. boulevard Saint-Antoine.

SAINT-OUEN, village, 8 kilom. N. 986 hab., fête dimanche après le 25 août. — Voit. r. du Faub.-St-Denis.

SARCELLES, 1 myriam. 6 kilom. N. 1645 hab., fête le premier dimanche après la Saint-Pierre. — Voit. r. Geoffroy-l'Asnier, 17, et faubourg Saint-Denis, 25.

SAULX-LES-CHARTREUX, village, 2 myriam. un quart S., 1000 hab., fête le jour de l'Assomption. — Voit. de Longjumeau.

SCEAUX, petite ville, 1 myriam. un quart S. 1459 hab., bal tous les dimanches du 1er mai au 1er novembre. — Voit. place Saint-Michel, 10, et impasse Conti.

SÈVRES, bourg, 1 myriam. et demi S.-O. 5300 hab., fête le premier dimanche après la Pentecôte. — Voit. r. des Quinze-Vingts, chemin de fer, les deux rives.

STAINS, 1 myriam. un quart, 956 hab., fête le 15 août. — Voit. faubourg St-Denis, 54.

SURÊNES, village, 1 myriam. un quart O, 4444 hab., fête le dimanche après le 25 août. — Voit. r. des Quinze-Vingts, chemin de fer, rive droite.

THIAIS, 1 myriam. S., fête le 5 septembre.

VERSAILLES, ville, 2 myriam. O.-S.-O. 28 477 hab., fête le dimanche après le 25 août. — Voit. r. de Rivoli, 1, et r. do Rohan, 6, chemin de fer, les deux rives.

VILLE-D'AVRAY, village, 1 myriam. un quart O. 800 hab., fête le deuxième dimanche après le 15 août. — Voit. de Saint Cloud et de Sèvres, chemin de fer, rive droite.

VILLENEUVE-SAINT-GEORGES, bourg, 2 myriam. un quart E. 1900 hab., fête dimanche après la St-Georges (avril).— Voit. r, Geoffroy-l'Asnier et bateau à vapeur.

VILLETTE (la), village sous les murs de Paris, N. 4999 hab., fête les dimanche, lundi et mardi après la Madeleine ; tous les dimanches, promenade au canal.— Voit. Dames-Blanches, lig. 3.

VINCENNES, village, 1 myriam. E. 2884 hab., fête le jour de l'Assomption et le dimanche suivant. — Omnibus, ligne 5.

VITRY sur Seine, village, 1 myriam. S.-E. 2197 hab., fête jour de la Pentecôte. — Voit. de Choisy-le-Roi.

THÉATRES.

—

V. THÉATRE-FRANÇAIS, rue Richelieu : *Tragédie, comédie et drame.*

NOMBRE DE PLACES : 1522. — Prix :

Balcon.................	6	60	Première galerie....... 5	»
Loges de la gal. du rez-			Secondes loges......... 4	»
de-chaussée.	6	60	Galerie des deux. loges. 3	»
Premières de face......	6	60	Trois. loges et Cintre... 2	75
Avant-sc. des prem. ...	6	60	Parterre.............. 2	20
Orchestre.............	5	»	Seconde galerie....... 1	80
Premières de côté.....	5	»	Amphithéâtre.......... 1	25

II. ACADÉMIE-ROYALE DE MUSIQUE, rue Lepelletier : *Grand opéra et ballet.*—Les lundis, mercredis et vendredis, et quelquefois le dimanche.

NOMBRE DE PLACES : 1937. — Prix :

Premières de face.......	9	»	Baignoires de côté..... 6	»
Avant-scènes..	9	»	Deux. loges de côté..... 5	»
Baignoires d'av.-sc....	9	»	Trois. loges de face..... 5	»
Orchestre.............	7	50	Trois. loges de côté..... 3	50
Balcon des prem......	7	50	Trois. d'avant-scène... 3	50
Secondes de face.......	7	50	Quat. loges de face...... 3	50
Secondes d'av.-sc.....	7	50	Parterre............... 4	»
Galerie des prem.......	7	50	Quat. loges de côté..... 2	50
Amphithéâtre des prem.	7	50	Cinq. de face.......... 2	50
Prem. loges de côté....	6	»	Amphithéâtre des quat. 2	50

X. ODÉON : *Tragédie, comédie et drame.*

NOMBRE DE PLACES : 1560. — Prix :

Prem. av.-scènes	6	»	Stalles d'orchestre	4	»
Gr. prem. loges ferm...	5	»	Baignoires	2	50
Balcon	4	»	Deux. loges découv.	2	»
Prem. log. ferm. et déc.	4	»	Trois. loges découv.	1	50
Av.-sc. des deux	4	»	Trois. loges de face fer..	1	25
Prem. loges découv... .	5	50	Parterre	1	25
Deux. loges ferm.	2	50	Loges du cintre	1	»

II. OPÉRA-COMIQUE, rue Marivaux et rue Favart : *Opéra et comédie mêlée de chant.*

NOMBRE DE PLACES : 1250. — Prix :

Loges de la prem. gal...	7	50	salon	5	»
Premières loges de face avec salon	7	50	Prem. loges de côté	4	»
Av-scènes de baignoires.	7	50	Avant-sc. des loges de la première galerie...	4	»
Fauteuils et stalles de Balcon	6	»	Deuxième galerie	3	»
Prem. loges de face sans salon	6	»	Parterre	2	50
Fauteuils d'orchestre...	5	»	Loges de la deux. galerie de face	2	50
Faut. de la prem. gal...	5	»	Avant-scènes des trois.	2	50
Stalles de banquettes...	5	»	Loges de la deuxième galerie de côté	2	»
Av.-sc.-des prem. loges.	5	»	Troisièmes loges	2	»
Baignoires avec ou sans			Amphithéâtre	1	»

II. THÉATRE ITALIEN, salle Ventadour : *Opéra sérieux et bouffon* — Les jours de représentation sont les mardis, jeudis et samedis.

NOMBRE DE PLACES : 1628. — PRIX :

Premières	10	»	Rez-de-chaus. de face...	10	»
Deuxièmes de face	10	»	Stalles d'orchestre	10	»

Stalles de balcon	10	»	— de côté	5	»
Deuxièmes de côté	7	50	Parterre	4	»
Rez-de-chaussée de côté	7	50	Quatrièmes	4	»
Troisièmes de face	6	»			

III. GYMNASE DRAMATIQUE, boulevard Bonne-Nouvelle : *Vaudeville, comédie, drame, et opéra en un acte.*

NOMBRE DE PLACES : 1082. — PRIX :

Avant-scènes, balcon, entresol, loges fermées des premières, baignoires et orchestre premier rang	5 »	Première galerie	2	75
		Premières loges et deux. fermées	2	25
		Secondes loges	1	75
		Parterre	1	25
Stalles d'orch. et baignoires de côté	4 »	Troisièmes loges	1	25
		Deuxième galerie	1	»

II. VAUDEVILLE, place de la Bourse : *Vaudeville.*

NOMBRE DE PLACES.   PRIX :

Avant-scènes du rez-de-chaussée et de la galerie	6 »	Prem. loges et avant-scènes des deuxièmes	4	50
Stalles d'orchestre et de balcon	5 »	Stalles de la galerie et baignoires de côté	4	»
Loges de la galerie	5 »	Deuxièmes loges	3	50
Avant-scènes des prem. loges et loges fermées du rez-de-chaussée de face	5 »	Balcon	3	0
		Balcon des secondes	2	»
		Parterre	2	»
		Deux. galerie	1	»

III. VARIÉTÉS, boulevard Montmartre : *Vaudeville et pièces du genre grivois, poissard et villageois.*

NOMBRE DE PLACES : 1245 — PRIX :

Av.-scènes rez-de-chaus.	6 »	Loges de la galerie	5	»
Av.-sc. des prem. loges.	6 »	Loges du balcon	5	»

Premières de face	4	»	Loges du cintre	2 50
Stalles d'orchest	5	»	Parterre	2 »
Stalles de balcon	5	»	Deuxièmes loges	2 »
Orchestre numér	4	»	Stalles de la deux. gal	2 »
Stalle de la prem. gal	4	»	Premier Amphithéâtre	1 50
Loges de côté	3	»	Deux. Amphithéâtre	1 »
Stalles du pourt	2 50			

V. PALAIS-ROYAL, rue de Valois et galerie Montansier : *Co-médie-vaudeville.*

NOMBRE DE PLACES : 800. — PRIX :

Stalles	5	»	Premières découv	2 50
Loges de balcon	5	»	Baignoires	2 50
Avant-scènes	5	»	Deux. balcon	2 50
Loges ferm. de face	4	»	Troisièmes loges	2 »
Stalles d'orchestre	4	»	Secondes	1 50
Première galerie	3	»	Parterre	1 25
Av.-sc. des secondes	3	»		

III. PORTE-SAINT-MARTIN, boulevard Saint-Martin : *Mélodrame, comédie et vaudeville en un acte, ballet et pantomime.*

NOMBRE DE PLACES : 1803. — PRIX :

Avant-sc. des prem	5	»	Orchestre	2 50
Avant-sc. du rez-de-chaussée	5	»	Première galerie	2 50
Prem. log. grillées de	5	»	Premières loges découv.	
Av.-sc. de secondes	4	»	deuxième rang	2 50
Prem. log. découv	3 50		Av.-sc. des troisièmes	2 50
— gril. de face deuxième rang	3 50		Loges du cintre	1 50
Stalles de balcon	3 50		Deuxièmes loges	1 50
Balcon de face	3	»	Parterre	1 25
Stalles d'orchestre	3	»	Premier amphithéâtre	1 25
Baignoires	2 50		Seconde galerie	» 75
			Deuxième amphithéâtre	» 50

32

III. GAITÉ, boulevard du Temple : *Mélodrame, comédie et vaudeville en un acte, ballet et pantomime.*

NOMBRE DE PLACES : 1254. — PRIX :

Av.-sc. des premières..	4	»	Deuxièmes av.-sc......	2 25
— du rez-de-chaussée..	4	»	Première galerie.......	2 »
Loges de face..........	3	»	Orchestre adossé.......	1 75
Baignoires fermées.....	3	»	— de pourtour........	1 50
Stalles de balcon.......	2	50	Seconde galerie........	1 25
— d'amphithéâtre......	2	50	Troisièmes av.-sc......	1 25
Secondes de face.......	2	50	Parterre..............	1 »
Stalles d'orchestre.....	2	25	Troisième galerie......	» 60
Premières découvertes.	2	25	Quatr. amphithéâtre....	» 40

III. AMBIGU-COMIQUE, boulevard Saint-Martin : *Mélodrame, comédie et vaudeville en un acte, ballet et pantomime.*

NOMBRE DE PLACES : 1800. — PRIX :

Avant-sc. du rez-de-ch..	5	»	Première galerie.......	2 »
Av.-sc. des premières..	5	»	Deuxièmes log. découv.	2 »
Premières loges de face	4	»	Av.-sc. des troisièmes..	1 75
Stalles de balcon.......	3	»	Deuxième gal. de face..	1 50
Baignoires grillées.....	2	50	Premier balcon........	2 »
Stalles d'orchestre......	2	50	Baignoires découvertes.	1 75
— de galerie..........	2	50	Deuxième balcon......	1 50
Premières loges découv.	2	50	Parterre..............	1 25
Deuxièmes loges de face	2	50	Amphith. des troisièmes	1 75
Av.-sc. des secondes...	2	50	Amphith. des quatr....	» 50
Orchestre..............	2	»		

III. CIRQUE-OLYMPIQUE, boulevard du Temple : *Mélodrame, ballet, pantomime équestre, exercices de chevaux et de voltige.*

NOMBRE DE PLACES : 1800. — PRIX :

Av.-sc. et Stalles du premier rang..........	4	»	Loges de face..........	3 »
			Stalle du prem. amphith.	2 »

Loges de côté.........	2 50	Seconde galerie........	1 25
Balcon	2 »	Av.-sc. des secondes...	1 25
Galerie du rez-de-ch...	1 50	Deuxième amphith.....	1 »

I. CIRQUE NATIONAL, Champs-Élysées.

Stalles de pourtour.... 2 » | Amphithéâtre.... .... 1 »

III. FOLIES-DRAMATIQUES, boulevard du Temple : *Vaude-ville et comédie.*

II. THÉATRE DES JEUNES ÉLÈVES, ou de M. COMTE, physicien du Roi, passage Choiseul, : *Comédie, Vaudeville, scènes de magie, ventriloquie et fantasmagorie.*

PRIX DES PLACES :

Av.-sc. des premières..	5 »	Première galerie.......	2 »
Id. rez-de-chaussée....	5 »	Av.-sc. des secondes...	2 »
Premières de face......	5 »	Pourtour	2 »
Loges grillées du rez-de-		Orchestre.............	2 »
chaussée en face.... .	3 »	Secondes	1 »
Premières de côté......	2 »	Parterre.............	1 »

XI. THÉATRE DU PANTHÉON, rue Saint-Jacques, 96. — *Comédie, vaudeville, drame.*— Fermé.

III. THÉATRE BEAUMARCHAIS, boulevard Beaumarchais : *Vaudeville et comédie.*

X. THÉATRE DU LUXEMBOURG, rue Madame, 7 : *Pantomime dialoguée et scènes comiques.*

III. DÉLASSEMENTS COMIQUES, boulevard du Temple, 60.

III. FUNAMBULES, boulevard du Temple : *Danse de corde et pantomime arlequinade.*

V. THÉATRE DE SÉRAPHIN, Palais-Royal, galerie de Pierre : *Marionnettes et ombres chinoises.*

III. THÉATRE SAINT-MARCEL, rue Pascal, faubourg Saint-Marcel : *Petits vaudevilles et mélodrames.* — Il y a des places depuis 50 c. jusqu'à 2 fr. 50 c. — Fermé.

III. THÉATRE LAZARY, boulevard du Temple. — Théâtre d'enfants. Le prix des places est de 15 à 75 c.

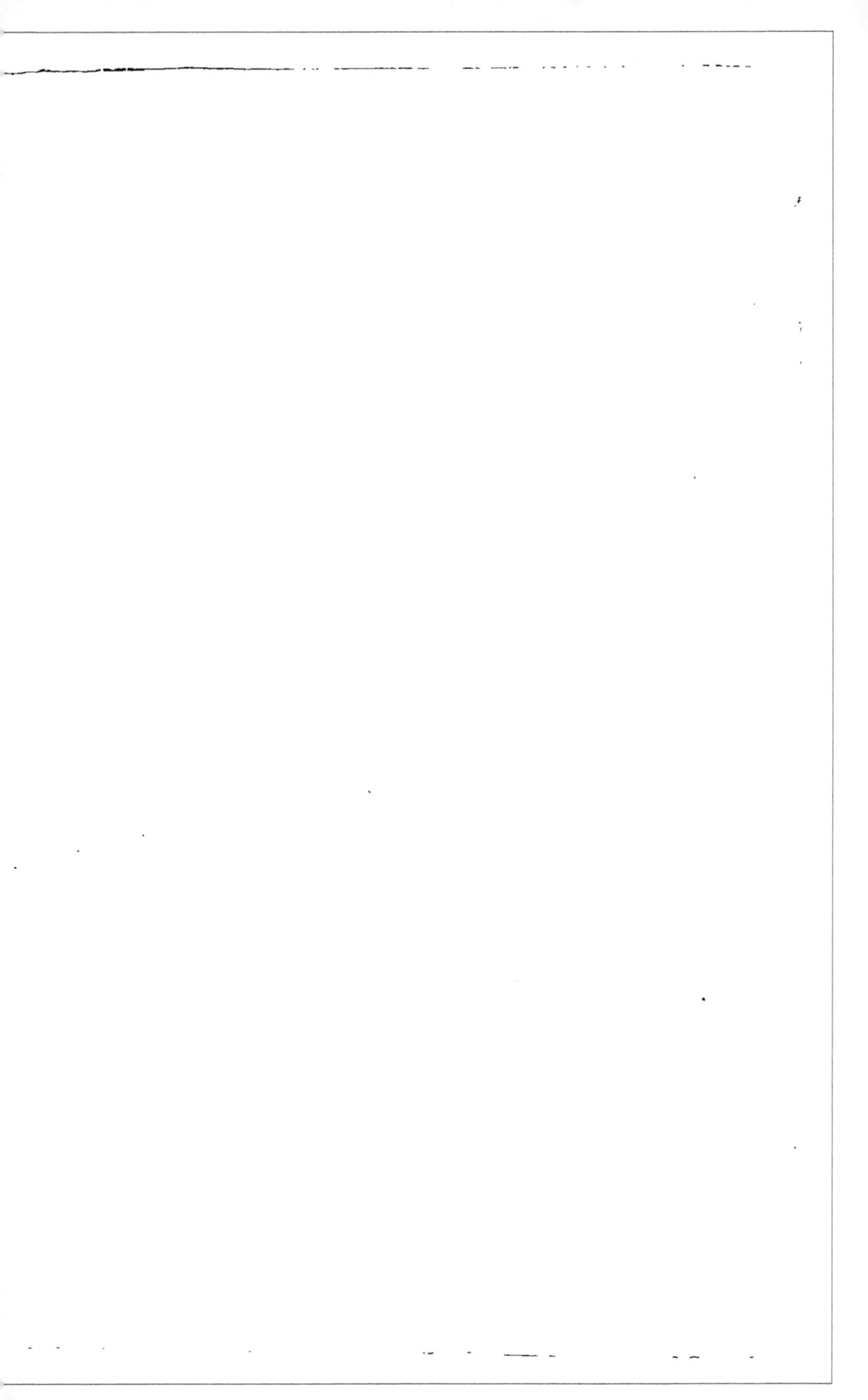